위대한 바보

위대한 바보

초판발행 | 2015년 1월 20일

지은이 | 김기제

발행인 | 박찬우

편집인 | 우 현

펴낸곳 | 파랑새미디어

등록번호 | 제313-2006-000085호

서울특별시 마포구 서교동 357-1 서교프라자 318

전화 | 02-333-8311

팩스 | 02-333-8326

메일 | adam3838@naver.com

ⓒ 김 기 제 Printed in Seoul, KOREA

가격 : 10,000원

ISBN : 979-11-5721-016-9 03110

위대한 바보

김기제 지음

파랑새미디어

처음에 이 글을 시작한 11월 25일부터 글의 마무리를 짓는 12월 11일까지 거의 15일 만에 써야 할 내용을 다 쓴 일이 너무나도 신기하고 집중력이 살아있을 때에 바짝 집필을 하게 되면 얼마나 효율이 좋은지를 몸소 느낄 수 있었다. 나 정도의 인간이 노력해봤자 얼마나 대단한 글을 쓸 수 있다고 생업, 만남, 연애, 취미를 모두 뒤로 밀어버렸는지에 대해서 부끄러울 뿐이다. 이렇게 단기간 내에 집필이 가능했던 이유는 모방살인마(개인출판물)과 두 제자(포스트 도전작가) 각각 1회씩을 집필해보았었기 때문에 글을 완성시키는 게 더 수월했다. 그동안에 써왔던 소설은 억지스러운 기승전결을 맞추기 위해서 장기간에 끝낼 수가 없었던 반면에 이 책은 비문학이기에 기승전결이 없어서 쉽게 끝마칠 수가 있었다. 고작 스물다섯의 인생이지만 그동안에 느꼈던 세상에 대한 고민들을 써봤다. '위대한 바보'로 인해서 어떤 사람은 나에게 감탄을 느낄 것이고, 또 어떤 사람은 실망을 느낄 것이다. 나와 생각이 다르다고 해서 틀린 것이 아니며 그건 우리가 가지고 있는 페르소나 중에 일부분끼리 서로 충돌하는 것에 불과하다. 즉, 나의 모든 자아와 당신의 모든 자아가 서로 싸우는 것이 아니라 내 자아와 당신 자아의 일부분이 서로 대립되는 것에 불과하다. 그러니 흑백논리로 서로의 생각을 폄하하지 않기를 바란다.

감사의 말을 전하고 싶은 사람이 너무나도 많지만 첫 출판의 기억을 떠올리면 모든 이의 이름을 적게 되면 다음 책에 자신의 이름을 넣기 위해서 가식적으로 날 대하는 이가 생기거나 이름이 적히지 않는 자에게는 소외감을 안겨주게 되니 일일이 적지 않겠다. 간단하게 부모님, 동생, 친척들, 친구들, 은사님들, 직장 동료들, 위대한 바보들을 포함해서 내가 살아가면서 수많은 도움을 준 사람들에게 모든 감사의 말씀을 전한다(심지어 나를 싫어하거나 나와 관계가 틀어진 사람들에게도 감사한다). 부디 내 글이 조금이라도 쓸모가 있기를 바라며 시작한다.

항상 부족한 퇴고를 마치면서...

2014.12.19.

김기제 올림

목차

"나는 위대한 바보가 되고 싶다"

내가 존경하는 아런 소킨의 '뉴스룸'을 보면 주인공인
'윌 맥어보이(제프 다니엘스)'에게 '슬로언 새비스(올리비아 문)'가
위대한 바보라는 경제 용어를 설명한다. 내용은 아래와 같다.

[작가 의역]

"위대한 바보는 사실 경제용어예요. 잘 속는 사람이죠. 우리 모두가
이익을 얻기 위해서는, 위대한 바보가 필요해요. 누군가 비싸게
사고 헐값에 파는 거죠. 대부분 사람들은 위대한 바보가 되지
않기 위해서 살아가요. 우리는 그에게 뜨거운 감자와 같은 어려운
일들을 떠밀어버리고는 그 역경을 멈추고 나면 그 바보의 자리로
뛰어들죠. 위대한 바보는 남들이 실패하는 곳에서 자신은 성공할
수 있다고 완벽하게 자신을 기만하는 사람이에요. 이 나라는 그
바보들에 의해서 세워졌어요."

극 중에서 윌은 다른 언론들이 지적하기 꺼려하는 모든
문제에 대해서 심도 있게 비판하는 바람에 같은 공화당에서도,

상대편의 정당에서도, 회사 내의 동료도, 시청자한테도 끊임없이 공격을 당해서 지쳐 있었다. 잘못된 일에 대해서 잘못되었다고 말하지 못하면 사회가 썩는다는 사실을 잘 아는 '월'이었지만 지속되는 공격에 무너져만 갔다. 그걸 지켜보던 후배 슬로안이 월에게 한 말이 바로 앞의 대사이다.

누군가 철학자는 보통 사람들은 생각하지 않는 이상을 추구하고 연구하기 때문에 때때로 고민하다가 발을 헛디뎌서 비웃음을 사기도 한다고 했다. 나는 그걸 알면서 철학자의 길을 걷고 있으면서도 어떨 때에는 그저 한없이 무너져 내리고 싶다. 그런 위기가 찾아올 적에 나는 이 장면을 다시 보면서 힘을 얻는다. 나는 나의 조국만이 아니라 이 세상의 모든 문명선진화와 지성발전에 힘을 쓴 모든 위인들처럼 위대한 바보가 되고 싶다. 지금 내가 쓰는 이 책도 그런 과정 중에 하나이며 나만의 '경력'을 쌓는 중이다. 글 안에는 블로그에 써왔던 내용들도 포함되어 있다. 그동안에 내가 써왔던 글들 중에서 너무 자극적이라거나 편파적인 글들을 제외하고 정말 이런 내용은 저항세력을 만나더라도 '나의 정신이 피폐해지더라도 반드시 알려야 하지 않을까'라는 반은 의무감에 또 반은 두려움에 이 글을 쓰고 있다.

책 안에는 각자 다른 주제에 대한 글도 있고 이어지는 글들도 있다. 솔직히 다른 책들처럼 묵직한 주제 하나를 가지고 기승전결을 이어나가는 책이 아니라 각자 다른 나의 생각들을 하나로 모은 것에 불과해서 독자들이 이 책을 접했을 때에 도대체 무엇을 말하고자 하는 책인가라고 의아해할 수도 있다. 내가 말하고 싶은 것은 각 챕터와 각 주제별로 다 따로 들어있다.

간단하게 2014년도 12월까지 '김기제'라는 사람이 떠올렸던 생각들을 통합했다고 봐도 무방하다. 그렇다, 개인철학이라고 해두자.

이렇게 갑작스럽게 책을 집필하게 된 이유는 신한테 예언이라도 받은 예언자처럼 이 책을 12월 이내로 마무리 지어야 강박관념에 사로 잡혔기 때문이고 생업, 대인관계, 연애에 관한 미래의 계획들도 뒤로 룬 채로 집필만 하고 있다. 나는 어린 시절부터 세상에 대한 고민이 많았었는데 사람들이 무엇을 하려고 쓸데없는 걱정까지 하느냐고 하지 말라고 했다. 어떤 사람은 꿈과 같은 건 신경을 쓰지 말고 생업이나 몰두하라고 비웃기도 하고, 또 어떤 사람은 내 생각을 '다르다'가 아닌 '틀리다'로 매도하기 위해서 논리와 상관없는 얘기를 하면서 모욕을 주기도 했다.

　　여태까지 살아오면서 비웃음을 사기도 하고 모욕을 당하기도 했지만 그럼에도 반드시 내가 하는 생각 중에 인류에게 큰 도움이 되는 지식이 나올 것이라고 스스로를 기만하면서 살아왔기 때문에 나는 위대한 바보이고 이 책은 내가 위대한 바보로써 해왔던 생각들을 담은 책이다. 부디 내가 이렇게 노력했는데 독자가 한 가지의 챕터나 주제에서라도 유익함을 느꼈으면 좋겠다. 나는 진정으로 나의 생각이 인류에 커다란 도움이 되기를 온 힘을 다해서 염원한다.

제1장

과학과 연대학

이 챕터의 정보는 매우 불안정하다. 인간이 태어나기 이전의 시대에 자료는 화석을 제외하고는 대부분 가설에 불과하기 때문이다. 빅뱅이론에 대폭발의 시점이 어떤 사전에서는 약 137억 년 전이지만 또 어떤 사전에서는 약 200억 년 전으로 나오고, 지질연대표도 지질학자들마다 수백만 년 씩이나 차이가 난다. 빅뱅이론, 지구의 탄생, 달의 탄생, 첫 생명체의 탄생 등은 수많은 가설들 중에 하나이며 그나마 이 중에서 가장 신뢰가 많이 가는 것은 빅뱅이론이며 이것보다 더 신뢰가 가는 이론은 화석과 지질이라는 물질적인 증거가 있는 지질연대표이다. 해마다 새로운 화석이 등장하면서 지질시대와 생물의 탄생 순서가 뒤바뀌는 일도 있어서 연대표를 정리하는 일이 매우 두렵지만 그런 두려움 따위에 겁을 먹으면 사실을 검증하는 학문인 과학을 할 수 있는 자는 단 한 명도 없을 것이다, 이 표를 수정하는 일은 '지질학자'와 '미싱 링크 헌터(Missing Link Hunter)'이 잘 해결해줄 거라고 믿어 의심치 않으며 내 연대표가 완벽해서 책으로 내는 것이 아니라 사람들이 귀찮아하는 정리를 마쳤으니 잘못된 정보가 발견되거나 새로운 정보가 갱신되면 후손들이 고쳐서 그때마다 더 정확한 연대표를 만들어주길 바라면서 만드는 '초행길의 수립' 작업이다. 내가 만든 길이 비록 엉성할지라도 후대의 사람들이 내 표를 더 정확하게 만들어주기를 간절히 바라면서 막을 올린다.

● 모든 것의 연대표 ●

　신기한 점은 빅뱅이론이 탄생한지 약 94년이 흘렀고, 우주의 대폭발의 시기가 약 137억년 전으로 추정되었는데 세상의 시작인 137억년 전에서부터 현재인 2014년 11월 26일까지 쭉 이어지는 연대기를 정리한 자가 없다는 것이다(이미 정리한 표가 있다면 내 존재의 의미는 없다). 그래서 나는 여러 지식인들과 지식 조직의 힘을 빌려서 이걸 감히 종합해보았다.

　우주의 대폭발(약 137억년 전)은 1920년에 빅뱅이론을 제시한 러시아의 수학자 프리드만과 벨기에의 신부 르메로트의 관점을 빌렸고, 태양의 탄생(약 50억년 전), 지구의 탄생(약 45억년~46억년 전), 달의 탄생(약 46억년 전)은 국내·외의 천문학 협회와 내셔널지오그래픽(미국 국립지리학회의 잡지사)의 인터넷 사전과 자료를, 지구의 최초 생물로 추정되는 남세균이 첫 탄생시기(약 38억년 전)은 또 다시 내셔널 지오그래픽의 다큐멘터리를 글로 옮겼던 네이버 캐스트의 자료를, 태고대 초기(약 45억년 전)에서부터 신생대(약 6천5백만년 전)은 미국지질조사국(USGS, United States Geological Survey)의 지질연대표를, 태양력의 첫 해(약 5,775년 전)인 기원전 3,761년부터의 역사는 역학·역사학·종교학 사전에서 자료를, 마지막으로 고조선 건국(기원전 2,333년 전)에서 현재의 대한민국(2014년 11월 26일)까지는 한국사를 기록한 수많은 백과들의 힘을 빌려서 정리하였다.

　결국 이 '모든 것의 연대표'를 정리하는 데에 물리학, 천문학, 생물학, 지질학, 역학, 역사학을 참고한 셈이다. 세상의 문제를 한 인간이 해결할 수 없다는 말은 맞는 말이다. 이걸 정리하면서 나는 내 머리를 물리적으로 폭발시키고 싶다는 충동을 수십 차례를 느꼈다.

이 연대표를 정리하게 된 이유가 고작 우주의 대폭발과 태양력의 첫 해가 약 136억년이 넘게 차이가 난다는 것이 궁금해서 그것만 찾아보려고 하다가 이 사단이 난 것이다. 난 호기심이 생긴 일은 멈추지 못하는 바보라서 그렇다.

다음에는 내가 또 어떤 호기심으로 내 머리를 고생시키면서 무지막지한 일을 벌일지가 두렵다. 아무리 고통스러워도 난 또 일을 벌이겠지.

* 우주 대폭발에서 현재까지의 연대표(요약판)

'특이점 이전 시대(작가 상상)~첫 생명체 탄생'과 '고생대~대한민국'까지 등
두 개의 표로 나누었다.

사건	시간	관점	이론 및 근거
최초 공백기 (특이점 이전)	알 수 없음	물리학	작가의 생각
우주 대폭발	약 137억년 전	물리학	빅뱅이론
1차 공백기	약 137억~133억년 전	물리학	작가의 생각
첫 별 탄생(추정)	약 133억년 전	물리학	빅뱅이론
2차 공백기	약 133억~50억년 전	물리학	작가의 생각
태양의 탄생	약 50억년 전	천문학	천문학 사전
3차 공백기	약 50억~45억년 전	-	작가의 생각
지구의 탄생	약 45억~46억년 전	지질학	내셔널지오그래픽
달의 탄생	약 46억년 전	천문학	천문학 사전
시생대	약 45억~25억년 전	지질학	미국지질조사국
원생대	약 25억~5억4천4백만년 전	지질학	미국지질조사국
첫 생명체 탄생	약 38억년 전	생물학	내셔널지오그래픽

사건	시간	관점	이론 및 근거
고생대	약 5억4천4백만 ~2억4천8백년 전	지질학	미국지질조사국
중생대	약 2억4천8백만 ~6천5백만년 전	지질학	미국지질조사국
신생대	약 6천5백만년 전~현재	지질학	미국지질조사국
인류 탄생	약 5백만~3백만년 전	유전학	두산백과
구-중-신 석기시대	약 7십만~약 3,514년 전	역사학	한국학 중앙연구원
태양력의 시작 ('천지창조 해')	약 5,775년 전 (기원전 3,761년)	역학 /종교학 (유대교)	태양력 /그레고리력
고조선 건국	약 4,347년 전 (기원전 2,333년)	역사학 (한국사)	두산백과
한국사(생략)	기원전 2,333~1,945년	역사학 (한국사)	각종 백과
대한민국	1,945~2014년 11월	역사학 (한국사)	한국 외교부

　이 우주 대폭발에서 현재까지의 연대표는 얼마든지 틀릴 수 있다. 왜냐하면 우주 전체의 관점에서 세상을 바라본 것이 아니라 지구 안에서 우주를 바라본 것이기 때문에 말이다. 각자 다른 시대를 정리하기 위해서 물리학·천문학·지질학·생물학·유전학·역학·종교학·역사학의 자료와 관점을 빌렸다. 이는 나 혼자였다면 불가능한 작업이었다. 나는 '지식 창조의 역할'을 하는 대단한 자가 아니라 지식 간의 이질감을 깨닫는 데에 민감하고 그 지식들을 조합하고 재정리하는 자에

불과하다. 결국에 진리를 찾으려다가 넘어질 때면 위대한 사람들이 쌓아놓은 지식을 디딤돌로 삼아서 다시 균형을 잡고 날 싫어하는 사람들이 내가 말하고자 하는 바의 참뜻을 모르고 조롱하거나 알면서 매도해도 이겨내면서 앞으로 나아가야 하는 소인배에 불과한 사람이다. 이 연대표를 이 세상에 살았던, 사는, 살아갈 모든 위대한 바보들에게 바친다.

* 우주 대폭발에서 홀로세까지의 연대표(과학적 시각)

'0차 공백기(작가 임의)~고생대'와 '중생대~신생대' 등 두 개의 표로 나누었다.

사건	시간
0차 공백기(물리학자의 숙제)	특이점 이전의 시대(작가의 생각)
우주의 대폭발	약 137억년 전
1차 공백기(물리학자의 숙제)	약 137억~133억년 전
우주 첫 별의 탄생(추정)	약 133억년 전
2차 공백기	약 133억~50억년 전
태양의 탄생	약 50억년 전
3차 공백기(천문학자의 숙제)	약 50억~45억년 전
지구의 탄생	약 45억~46억년 전
달의 탄생	약 46억년 전
태고대① '시생대 (선캄브리아기 초기)'	약 45억년~25억년 전
초기 지구	약 45억 4천만년 전
지구 최초 생명체 남세균 등장	약 38억년 전

태고대② '원생대 (선캄브리아기 말기)'	약 25억년~5억4천4백만년 전
고생대① '캄브리아기'	약 5억4천4백만~5억5백만년 전
고생대② '오르도비스기'	약 5억5백만~4억4천만년 전
고생대③ '실루리아기'	약 4억4천만~4억1천만년 전
고생대④ '데본기'	약 4억1천만~3억6천만년 전
고생대⑤ 석탄기 전반-'미시시피기'	약 3억6천만~3억2천5백만년 전
석탄기 후반-'펜실베이니아기'	약 3억2천5백만~2억8천6백만년 전
고생대⑥ '페름기'	약 2억8천6백만~2억4천8백만년 전

17

사건	시간
중생대① '트라이아스기'	약 2억4천8백만~2억1천3백만년 전
중생대② '쥐라기'	약 2억1천3백만~1억4천5백만년 전
중생대③ '백악기'	약 1억4천5백만~6천5백만년 전
신생대-제3기-고제3기① '팔레오세'	약 6천5백만~5천5백5십만년 전
신생대-제3기-고제3기② '에오세'	약 5천5백5십만~3천3백7십만년 전
신생대-제3기-고제3기③ '올리고세'	약 3천3백7십만~5백3십만년 전
신생대-제3기-신제3기① '마이오세'	약 2천3백8십만~5백3십만년 전
신생대-제3기-신제3기② '플라이오세'	약 5백3십만~1백8십만년 전
신생대-제4기① '홍적세'	약 1백8십만~8천년 전
신생대-제4기② '홀로세'	약 8천년 전~현재

위의 표는 2001년에 미국 지질학회에서 발행한 지질연대표를 참고해서 만들었다. 인터넷의 지질연대가 너무 중구난방이기 때문에 그 지질연대표를 기준으로 만들었다. 특이점의 이전 시기는 그 어떤 자료에서도 언급한 적이 없는 걸로 알고 있지만 굳이 내 생각을 넣은 이유는 우주 중앙에 있는, 우주 대폭발을 만들어놓은 특이점의 내부, 즉 사건의 지평선에 내부를 보고서 우주의 비밀을 풀더라고 하더라도 그것은 우주 대폭발이 어떻게 일어났는지에 대해서 해답을 낸 것에 불과하다. 여기에서 또 문제가 생기는 것이다. 바로 '특이점은 또 어떻게 생기게 되었는가'이다. 블랙홀의 특이점이 모든 걸 방출했을 당시에 다른 차원에서 입자들이 넘어서 들어온 것이라도 한 것일까? 이런 말도 되지 않는 상상이 맞아떨어지더라도 그 다른 차원은 언제 만들어진 것인가? 세상의 모든 비밀을 알기에는 나는 너무나도 어리석고 삶이 유한한 사람이다.

* 각 지질시대의 생물 정리표(14.12.03)

'시생대~고생대'와 '중생대~신생대' 등 두 개의 표로 나누었다.

지질시대	대표적인 생물
태고대① '시생대 (선캄브리아기 초기)'	남세균(단세포 구성, 광합성 가능)
태고대② '원생대 (선캄브리아기 말기)'	진핵생물(다세포 구성) 후생동물
고생대① '캄브리아기'	삼엽충(절지동물, 갑각류의 조상)
고생대② '오르도비스기'	이갑류(척추동물인 어류, 칠성장어과)
고생대③ '실루리아기'	쿡소니아(최초의 육상식물)

고생대④ '데본기'	유스테노프테론(최초 육상 어류 추정) ※ 양서류가 번성함.
고생대⑤ '석탄기'	아트로플레우라(30cm~2.6m 지네) ※ 거대 곤충이 번성하나 산소량이 많아지고 이산화탄소량이 적어져서 소형화됨
고생대⑥ '페름기'	에다포사우르스(공룡X, 초식 파충류)

지질시대	대표적인 생물
중생대① '트라이아스기'	노토사우르스(어룡, 4미터로 추정) 포스토수쿠스(공룡X, 육상 파충류로 트라이아스기 최상 육지포식자) 모르가누코돈(최초 포유류 추정)
중생대② '쥐라기'	세이스모사우루스(몸길이 30~50m, 몸무게 100톤 추정됨. 지금까지 발견된 공룡 중에 가장 큼)
중생대③ '백악기'	티라노사우르스(난폭한 육식공룡) 트리케라톱스(뿔이 세 개인 공룡) 크로노사우르스(최상위 어룡)
신생대-제3기-고제3기① '팔레오세'	생물에 대한 정보가 너무 없음
신생대-제3기-고제3기② '에오세'	스밀로돈(고양이과, 검치호랑이)
신생대-제3기-고제3기③ '올리고세'	카르카로클레스 메갈로돈 (몸길이 15~21m, 최대 이빨크기 18.8cm, 이빨 두께는 백상아리의 3배, 최대 육식 상어로 추정)
신생대-제3기-신제3기① '마이오세'	생물에 대한 정보가 너무 없음
신생대-제3기-신제3기② '플라이오세'	매머드
신생대-제4기① '플라이스토세'	호모 사피엔스 사피엔스

* 지질 시대별 환경 변화 정리표

'시생대~고생대'와 '중생대~신생대' 등 표를 두 개로 나누었다.

지질시대	환경
태고대① '시생대 (선캄브리아기 초기)'	초기에 섭씨 1,200도에 이산화탄소·질소·수증기만 존재한 걸로 추정됨
태고대② '원생대 (선캄브리아기 말기)'	미량의 산소가 생겨 생물계에 큰 변화가 생김
고생대① '캄브리아기'	소량의 빙하도 있었으나 전 세계가 온난했던 걸로 추정됨
고생대② '오르도비스기'	말엽에 칼레도니아 조산운동이 일어나 산맥이 형성됨
고생대③ '실루리아기'	광합성 생물의 부산물로 산소량이 많아져서 오존층이 확보되어 자외선의 양이 줄고 최초로 공기로 호흡하는 동물이 등장함
고생대④ '데본기'	환경 변화의 내용이 적음
고생대⑤ '석탄기'	지각변동이 심해 바리스칸·애팔래치아 조산운동 등이 일어나고 기후가 온난습윤해서 거대한 양치식물군이 대산림을 이루어서 석탄층을 이룸
고생대⑥ '페름기'	빙기로 추정이 되며 고생물이 대량 멸종된 걸로 추정됨

20

지질시대	환경
중생대① '트라이아스기'	페름기의 대멸종에서 살아남은 파충류는 덥고 건조한 환경에 따라서 순한 공룡류가 되고 최초의 포유류가 등장
중생대② '쥐라기'	온난하고 강수량이 많아 삼림이 크게 발달하고 이로 인해 대형 공룡이 등장
중생대③ '백악기'	공룡들이 활동했지만 약 6천 5백만년 전 갑자기 멸종됨
신생대-제3기-고제3기① '팔레오세'	식물 화석으로 인해 온난한 걸로 추정
신생대-제3기-고제3기② '에오세'	신생대 중에 가장 온도와 습도가 높음
신생대-제3기-고제3기③ '올리고세'	온난한 기후로 조개류 발달·번식함
신생대-제3기-신제3기① '마이오세'	전기는 온난습윤, 후기는 건조함
신생대-제3기-신제3기② '플라이오세'	비교적 온화함
신생대-제4기① '플라이스토세'	빙기와 간빙기를 가짐
신생대-제4기② '홀로세'	홍적세와 충적세의 경계

21

표를 정리하다보니 인류의 주요 에너지인 '석탄'과 '석유'는 고대 지질시대에 형성이 된 것이니까 특정 지역에 그 지질시대와 비슷한 환경을 조성해서 미래에 쓸 석탄과 석유를 만들어놓으면 좋지 않을까?

* 지질시대별 동물군 정리표(사전들의 내용을 교집합화한 자료)

　　지질시대별로 살고 있던 동물군을 정리했으나 사전별로 내용이 중구난방해서 완벽하지 않다. 한마디로 데이터가 산만하다. '시생대~고생대'와 '중생대~신생대' 등 두 개의 표로 나누었다.

지질시대	동물군
태고대① '시생대 (선캄브리아기 초기)'	원핵생물
태고대② '원생대 (선캄브리아기 말기)'	원핵생물, 진핵생물, 원생동물, 후생동물, 조류, 절지동물, 강장동물, 환형동물
고생대① '캄브리아기'	유공충, 방산충, 해면동물, 강장동물, 극피동물, 완족류, 고둥, 앵무조개, 절지동물, 필석류
고생대② '오르도비스기'	척추동물의 어류, 무척추동물의 두족류, 삼엽충류
고생대③ '실루리아기'	무척추동물의 산호, 완족류, 극피동물, 반색동물, 어류의 무악류, 육상식물류
고생대④ '데본기'	육상식물류, 절지동물의 거갑류, 양서류, 어류의 총기류, 완족류
고생대⑤ '석탄기'	양서류, 파충류, 식물의 인목, 봉인목, 노목, 산호류와 완족류, 방주충류
고생대⑥ '페름기'	방추충, 유공충, 산호, 해백합, 암모노이드, 해면동물, 육상식물류

지질시대	동물군
중생대① '트라이아스기'	두족류의 암모나이트, 파충류, 식물계의 송백류
중생대② '쥐라기'	파충류의 공룡, 두족류의 암모나이트, 식물계의 은행나무류, 소철류, 조류
중생대③ '백악기'	부족류의 이매패와, 삼각패, 대형유공충, 파충류의 공룡,
신생대-제3기-고제3기① '팔레오세'	원시 포유류, 고등 유공충류
신생대-제3기-고제3기② '에오세'	원시 포유류, 부족류의 이매패, 고등 유공충류
신생대-제3기-고제3기③ '올리고세'	육상 포유류, 대형 포유류
신생대-제3기-신제3기① '마이오세'	포유류의 코끼리·말·코뿔소 조상형, 유공충, 조개류
신생대-제3기-신제3기② '플라이오세'	조개류, 소형 유공충류, 영장류, 포유류에서 말·코끼리·사슴· 고래 등의 조상형
신생대-제4기① '플라이스토세'	코끼류의 매머드, 영장류
신생대-제4기② '홀로세'	현대종류

23

* 지질 시대별 대량 멸종 정리표

지질시대	환경
오르도비스기-실루리아기 대멸종	해양생물의 60%와 과의 27%가 멸종
데본기 말 대멸종	지구의 생물의 70% 이상과 약 19%과 등이 멸종
페름기-트라이아스기 대멸종	지구 생물의 약 96%이 멸종
트라이아스-쥐라기 대멸종	지구 생물의 20%가 멸종
백악기 말기 대멸종	17%의 과, 50%의 속, 75%의 종이 멸종
홀로세 대멸종	이전의 5개에 대멸종이 자연환경에 의해서 일어난 것에 비해서 인류에 의한 무분별한 동·식물 남획과 서식지 파괴 그리고 지구 온난화로 인해서 진행되고 있는 대멸종을 의미함

24

내가 만든 정리표 중에서 자료가 가장 산만하고 제일 부정확하다. 내셔널지오그래픽과 EBS 다큐멘터리의 자료 그리고 위키피디아의 자료에서도 수치 표기가 애매했다. 동물군의 정리표도 워낙 자료가 산만했지만 차라리 그게 더 나을 정도이다. 어느 자료에서는 특정시기 말기에 대멸종이 일어난 것으로 정해놓고, 또 어떤 자료에서는 두 개의 시기 사이에 대멸종이 일어난 것으로 보고 있는데다가 멸종에 대한 의견들도 서로 다르며 멸종된 생명체의 퍼센트도 달랐다. 별로 신뢰도가 낮으니 맹신할 필요는 없고 그저 재미로 보길 바란다. 일명 '생명의 대멸절'을 초래한 사건들은 대부분 추측설이라서 멸종된 생명체의 수치보다도 더 신뢰하기 힘들다.

* 생물학용어 정리(개인참고용)

네이버 지식백과와 두산백과 그리고 기타 백과들을 참고해서 만든 요약 정리표이다. '원핵생물~어류'와 '영장류~방산충' 등 두 개의 표로 나누었다. 이에 덧붙여서 처음으로 백과사전을 만들 생각을 떠올린 지성인과 인류의 모든 백과사전에게 경의를 표한다.

명칭	설명
원핵생물	원핵이라고 불리는 원시적인 세포핵을 가진 단세포 생물
진핵생물	핵막으로 둘러쌓인 핵을 가진 다세포 생물
원생동물	단세포동물의 총칭
후생동물	단세포로 된 원생동물을 제외한 다세포로 된 모든 동물
강장동물	무척추 다세포동물로 아직 기관의 세분화가 덜 된 하등동물
절지동물	등뼈가 없는 무척추 생물
극피동물	피부가 가시로 둘러쌓이고 머리부위가 구분되지 않는 동물
환형동물	고리 모양의 체절 구조를 가진 무척추 동물군
해면동물	감각세포와 신경세포가 없는 동물
반색동물	척삭의 원시형에 해당하는 신경계를 가진 해양 무척추 동물군
조류	진핵생물군으로 대부분 광합성 색소를 가짐
어류	수중에서 사는 냉혈 척추동물

명칭	설명
영장류	고도로 발달한 대뇌반구를 지닌 포유동물
포유류	4개의 다리에 털로 덮인 몸을 가지며 새끼를 낳는 척추동물
파충류	몸이 비늘로 덮여 있는 변온 척추동물
양서류	어릴 때는 아가미로 수중호흡을 하고 성장후에 폐와 피부로 호흡하면서 수중과 육상을 오가면서 사는 척추동물군
조류(Bird)	척추동물로 몸은 깃털로 덮이고 날개가 있는 생물군
무악류	초기 어류로 위·아래의 양턱이 발달되지 않은 어류
공룡류	중생대에 번성했다가 사라진 대형 파충류
거갑류	절지동물에서 거대한 몸을 갖는 종류
방추충	푸줄리나라고 하며 바다에 번성했던 유공충
소철류	겉씨식물에 소철목 소철과 식물
완족류	2장의 껍데기를 지니면서 몸에 근육으로 움직이는 동물군
필석류	해저에 고착하거나 다른 물체에 부착하면서 부유성을 띄거나 부유하는 기관을 지닌 생물
유공충	육질 충강 유공충목에 속하는 원생동물군
방산충	해양에 널리 서식하며 세포 내에 오팔 실리카로 된 규질골격과 방사상의 위족을 가지는 부유성 생물

* 지질 시대에 따른 인류 진화 정리표

아무래도 지질 시대에 대해서 견해가 다른 것은 물론이거니와 각자의 정보가 상이하고 같은 생물에 대해서도 다큐멘터리에 등장한 동물인데도 불구하고 사전에서는 찾아볼 수 없는 등 에러 사항이 굉장히 많았다. 그러므로 부분적으로 틀린 사실이 발견될 수도 있다. 새로운 '잃어버린 고리(Missing Link)'가 발견되면 언제든지 이 사실은 뒤바뀔 수 있음을 알려드린다. ① 인류의 진화과정과 ② 영장류와 인간에 대한 생물학적 정의표로 나누었다.

① 인류의 진화과정

지질시대	인류 진화
중생대③ '백악기' (약 1억4천4백만~6천6백4십만년 전)	약 1억4천5백만~6천5백만년 전
신생대-제3기-신제3기② '플라이오세' (약 5백3십만~1백6십만년 전)	① 오스트랄로 피테쿠스 (약 5백3십만~1백8십만년 전)
	② 호모 하빌리스(약 2백만년 전)
	③ 호모 에렉투스 (약 1백7십만~3십만년 전) ※ 자바원인, 북경원인, 하이델베르크인 등
신생대-제4기① '플라이스토세' (약 1백6십만~1만1천년 전)	④ 호모 사피엔스 (약 5백3십만~1백8십만년 전) ※ 네안데르탈인 등등 ⑤ 호모 사피엔스 사피엔스 (약 3만년 전) ※ 상동인,그리말디인, 크로마뇽인 등등
신생대-제4기② '홀로세' (약 1만 1천년 전~지금)	호모 사피엔스 사피엔스 (약 8천년 전~현재)

※ [네이버 지식백과] 인류의 진화과정 (시사상식사전, 박문각)을 참고.

② 영장류와 인간에 대한 생물학적 정의

구분	설명	참고자료(네이버 지식백과)
① 영장류란?	물건을 잡을 수 있는 손과 발이 있는 척추동물(약 200종). 손발톱이 달린 5개의 손가락과 발가락이 있다. 주로 숲에서 살고, 직립할 수 있다.	브리태니커 비주얼사전(2012)
② 인간이란?	생물학적 견지에서 보면, 영장류의 인간과에 속하는 동물로, 진원류라는 아목에 속한다. 현생의 인류는 호모 사피엔스류에 속한다.	인간(철학사전· 중원문화 2009)

● 잃어버린 고리(Missing Link) ●

잃어버린 고리란 생물에 진화의 과정이 중에 빠진 고리를 의미한다. 진화계열의 중간에 존재했던 생물이라고 추정은 되지만 화석이 발견되지 않은 상태이다. 예를 들어서 현대 조류의 최초 조상이 공룡인데 둘 간의 진화상에 간극이 너무 커서 두 개의 종 사이에 잃어버린 고리가 있고 나중에 시조새의 화석을 찾음으로써 조류의 조상이 공룡임을 증명했다. 내가 잃어버린 고리(Missing LInk)를 처음 접한 것은 리처드 도킨스의 '지상 최대의 쇼'를 읽었을 때였다. 이미 수많은 내용들로 인해서 내 머리가 충격에 빠져있었음에도 불구하고 이 잃어버린 고리는 나에게 더한 충격을 주었다. 수년이 지났지만 지상 최대의 쇼에 대한 나의 기억이 옳다면 잃어버린 고리는 진화론을 비웃던 종교인들이 만들어낸 용어로 알고 있다. 인간이 원숭이에서 진화를 한 것이 사실이라면 매순간마다의 진화한 흔적이 남은 화석들은 어디에 있느냐고 비꼬았다. 이는 인간이 신으로부터 창조된 것이 아니라 유인원으로부터 진화되었다는 말이 불편해서 종교인들이 과학자들을 비꼬기 위해서 쓴 말이었다고 한다. 과학적인 관점에서 오히려 웃긴 것은 우리가 원숭이로부터 진화한 것은 맞지만 현대의 원숭이가 우리의 조상은 아니라는 점이다. 이게 무슨 말인가 하면 최초의 영장류로부터 진화해온 과정 중에 인간의 직계 조상인 원숭이는 '고대의 원숭이'지 '현대의 원숭이'가 아니라는 말이다. 같은 영장류로부터 진화했지만 우리는 서로 다른 종으로 진화한 것이다. 굳이 말하자면 현대의 원숭이와 고릴라 그리고 침팬지와 같은 종류는 우리의 먼 친척이고 고대의 원숭이들이 우리의 조상이라는 말이다. 그러니 현대의 원숭이들을 보면서 아버지라고 부르라는 식으로 과학자들을 조롱하는 일은 정말로 무식한 일이다.

* 빅뱅이론과 창조론의 연대 비교표(14.11.26)

'우주의 탄생~최초 육상식물 등장'과 '최초 어류 등장~현 인류 등장'으로 두 개의 표가 탄생했다.

과학적 관점의 우주 탄생 과정 (특이점의 대폭발 추정 시기, 약 137억년 전)		종교적 관점의 천지 창조 과정 (천지창조, 기원전 3761년 1월1일)	
탄생과정	시간	탄생과정	시간
우주의 탄생	약 137억년 전	천체(4일째) /천공 탄생(2일째)	약 5,775년 전 1월 2·4일
태양의 탄생	약 50억년 전	빛의 탄생 (1일째)	약 5775년 전, 1월 1일
지구의 탄생 (태고대)	약 45억~46억년 전	땅의 탄생 (3일째)	약 5775년 전, 1월 3일
지구의 초기	약 45억만년 전	땅의 탄생 (3일째)	약 5775년 전, 1월 3일
최초 생명체 등장 (남세균, 시생대)	약 38억년 전	•	•
최초 육상식물 등장 (쿡소니아, 실루리아기)	약 4억4천만년 전	식물의 탄생 (3일째)	약 5775년 전, 1월 3일
과학적 관점의 우주 탄생 과정 (특이점의 대폭발 추정 시기, 약 137억년 전)		**종교적 관점의 천지 창조 과정 (천지창조, 기원전 3761년 1월1일)**	
탄생과정	시간	탄생과정	시간
최초 어류 등장 (이갑류, 오르도비스기)	약 5억5백만년 전	물고기의 탄생 (5일째)	약 5775년 전, 1월 5일
최초 공룡, 포유류 등장 (설치류, 트라이아스기)	약 2억4천8백만년 전	기타 동물의 탄생 (6일째)	약 5775년 전, 1월 6일
최초 조류 등장 (시조새, 쥐라기)	약 2억1천3백만년 전	새의 탄생 (5일째)	약 5775년 전, 1월 5일
최초 인류 등장 (오스트랄로피테쿠스, 플라이오세)	약 5백3십만 ~1백8십만년 전	인간의 탄생 (6일째)	약 5775년 전, 1월 6일
현 인류 등장(호모 사피엔스 사피엔스, 플라이스토세)	약 1백8십만년 전	인간의 탄생 (6일째)	약 5775년 전, 1월 6일

앞장의 비교표를 정리하려고 꽤나 애를 먹었다. 처음에는 종교적 탄생 순서에 따라서 과학적 탄생 순서를 정리하려고 했지만 시간의 순서가 더 엉망이 되느라 상당히 골치가 아팠다. 두 눈을 감고 심호흡을 깊게 하고 나서 다시 생각해보니까 아무리 생각해도 종교적 탄생 순서(태양력 첫 해부터 시작된 7일간의 천지창조)는 종교인들만이 납득이 가능하지만 과학적 탄생 순서는 모든 인류가 납득이 갈 수 있는 근거이기 때문에 종교인과 비종교인이 모두 인정이 가능한 과학적 탄생 순서를 시간의 기준으로 삼아서 재정리한 끝에 위의 비교표가 탄생했다.

성서를 보면 기원전 3,761년 1월 1일(약 5,775년 전의 1월 1일)인 천지창조의 해에 유일신이 1일에는 빛을, 2일에는 천공을, 3일에는 땅과 식물을, 4일에는 천체를, 5일에는 물고기와 새를, 6일에는 기타 동물과 인간을 창조하고 7일째에 신이 천지를 창조함을 기념하여 스스로 안식에 잠긴다고 주장했다. 이와 다르게 내가 재편성하고 재정리한 과학의 연대표(물리학·천체학·생물학·지질학·유전학·인류학 등을 참고해서 만든 복합적인 표)를 보면 우주, 태양, 지구, 남세균, 식물, 어류, 포유류, 시조새, 오스트랄로피테쿠스, 호모 사피엔스 사피엔스 순으로 탄생의 순서가 정리된다. 실은 빅뱅이론과 창조론의 연대 비교표를 과학적·합리적으로 정리하기 위해서 만들어진 표들이 바로 앞의 우주 대폭발에서 현재까지의 연대표(요약판)와 우주 대폭발에서 홀로세까지의 연대표(과학적 시각) 그리고 태양력의 첫 해에서 지금까지의 연대표(역학·종교·역사적 시각)이다. 너무나 많은 지식인들과 지식 조직들의 자료를 검색하고 조합하고 재정리하는 것은 힘든 일이었다. 언어도 다르고, 각자 지질시대와 역사시대 그리고 국가 건국일이 서로 일치하지 않고 다르게 적힌 자료들도 꽤나 있었기 때문이다. 검색 결과에는 검색어와 관련된

많은 정보가 나오지만 실제로 내가 필요한 정보는 별로 없어서 거의 일주일 정도가 걸렸다. 직장을 다니고 취미 생활을 즐긴 시간을 제외하면 실제로는 하루도 되지 않는 시간 안에 정리한 셈이다. 내가 이걸 해냈다는 사실이 믿기지가 않는다. 공책으로 적은 5장을 표와 글로 만들고 한글 문서로 만드는데 일요일의 약 8시간을 썼다.

* 태양계의 행성 정리표(순서별)

순서	행성명	특징
1번	태양	지름이 지구보다 109배나 큼, 스스로 빛내는 별.
2번	수성	낮에는 약 40도, 밤에는 영하 170도인 별.
3번	금성	두꺼운 이산화탄소 때문에 표면의 열이 빠져나가지 못해서 온실효과가 심한 별.
4번	지구	자전축이 23.5도 기울어져 계절변화가 이루어진 별.
5번	화성	25도 기울어져 계절 변화가 존재, 매우 희박한 이산화탄소의 대기를 지녀 온도가 낮은 별.
6번	목성	지구 부피의 1,400배, 질량의 약 318배, 밀도는 지구보다 낮다. 태양계에서 가장 크기가 무거운 행성.
7번	토성	아름다운 고리를 가졌고 가장 빠른 자전을 하지만 밀도가 너무 작은 별
8번	천왕성	자전축은 약 97도 기울어져 공정 궤도면에 거의 평행하게 누워 자전하는 별.
9번	해왕성	꽁꽁 언 메탄의 결정체가 모인 별, 초속 수백 KM의 속도로 폭풍이 몰아친다.
10번	명왕성	제명당함.

원래는 행성의 순서를 정리하려고 이 표를 만든 것이 아니다. 단지 이것을 만든 이유는 내가 정리한 우주 대폭발에서 현재까지의 연대표(요약판)에서 0·1·2차 공백기(나만 주장하는 공백기, 특이점 이전의 시대를 포함하면 세 개의 공백)에 해당되는 약 137억년 전의 우주 대폭발에서 약 50억년의 태양 탄생까지의 빈 여백을 채워서 넣으려고 태양계의 행성들과 모든 은하계의 탄생 연도들을 조사해서 정리하려다가 탄생추정의 연도조차도 없어서 그대로 포기했다. 정리 순서라도 나중에 참고할 때 쓰려고 만든 표이다. 이건 태양계의 모든 행성들과 우주의 모든 은하계의 탄생 년도가 밝혀졌을 때야 공백기를 모두 채울 수 있다.

* 지구와 달 그리고 최초 생명체의 탄생에 대한 정리표

사건	설명	참고 자료
지구의 탄생/지구의 초기 (약 45억년 전)	모든 일은 약 50억 년 전에 시작됨. 수백만 년 동안 인력은 암석들을 끌어 모아서 지구를 만들었고 지구를 포함한 백여 개 행성이 태양의 주위를 돔. 하지만 45억 4천만 년 전의 지구는 지금과는 다른 지옥의 모습이었음. 표면의 온도가 무려 섭씨 1,200도에 달했으며, 이산화탄소와 질소, 수증기만이 존재함.	네이버 캐스트, 내셔널 지오그래픽의 '지구의 탄생' 중에 '45억 년 전, 지구의 탄생과 그 모습'
달의 탄생 (약 46억 년 전)	지구가 만들어지고 나서 1억년 후인 45억년 전에 무렵에 행성 '테이아'가 지구와 충돌해서 테이아의 일부는 지구에 흡수되고 지구의 일부와 미행성의 일부는 다시 우주 공간에 튕겨져 나감으로 추측됨. 테이아 중심부의 철과 같은 무거운 물질은 지구와 합쳐지고 우주로 방출된 가벼운 규산염 광물 위주의 암석들 일부가 모여서 달이 되었고 원시 달이 뭉쳐지는 과정은 100년도 걸리지 않음.	국립과천과학관 전시2과 연구사, 이승배님에 '달의 형성' 중에 거대 충돌설
생명체 탄생 (약 38억 년 전)	약 38억년 전에 유성이 지구에 충돌해서 미네랄을 배출하고 탄소를 운반했으며 단백질과 아미노산을 우주 공간에서 해저로 가져왔음. 해수가 지각의 틈을 통해서 지면 안으로 스며들어 뜨거워지면서 미네랄과 가스를 흡수했고 유성에 실려 온 다양한 미네랄과 화학물질 덕분에 바다는 '화학물 수프'처럼 변했음. 원리와 시기는 모르지만 화학 물질이 모여 생명체가 탄생했음. 바다는 미세한 유기체로 가득 찼고 이 단세포 박테리아(남세균이자 원핵세포)가 지구 생명체의 가장 초기 형태임.	네이버 캐스트, 내셔널 지오그래픽의 '지구의 탄생' 중에 '최초 생명체의 탄생'

위의 표도 역시 우주 대폭발에서 현재까지의 연대표(요약판)에 쓸 근거 자료를 모으기 위해서 내가 가설을 정리하다가 만든 표 중의 하나이다.

* 태양력 첫 해에서 지금까지 연대표(역학·종교·역사적 시각)

사건	시간
태양력의 첫 해('천지창조의 해')	약 5,775년 전(기원전 3,761년)
고조선의 건국(단군)과 멸망	약 4,347년 전(기원전 2,333년 전)
기자조선의 건국과 멸망	약 3,114년 전(기원전 1,100년 전)
철학의 탄생 (고대 철학 형성기 추정)	약 2,614~2,515년 전 (기원전 600~501년 전)
동예의 건국과 멸망	약 2,215~1,714년 전 (기원전 3세기~기원후 3세기경)
부여의 건국(해모수)과 멸망	약 2,214~1,520년 전 (기원전 2세기~기원후 494년 전)
위만 집권기의 고조선과 멸망	약 2,208~1,906년 전 (기원전 194~108년 전)
옥저의 건국과 멸망	약 2,115~1,514년 전 (기원전 2세기~기원후 5세기경)
신라의 건국(박혁거세)과 멸망	약 2,071~1,079년 전 (기원전 57~935년)
고구려의 건국(주몽)과 멸망	약 2,051~1,346년 전 (기원전 37년~668년)
백제의 건국(온조)과 멸망	약 2,032~660년 전 (기원전 18~660년)

사건	시간
가야의 건국과 멸망	약 2,015~1,452년 전 (기원전 1세기~562년)
마한의 건국과 멸망	약 2,015~1,714년 전 (기원전 1세기~기원후 3세기경)
진한의 건국과 멸망	약 2,015~1,714년 전 (기원전 1세기~기원후 3세기경)
변한의 건국과 멸망	약 2,015~1,614년 전 (기원전 ?~기원후 4세기경)
발해의 건국(대조영)과 멸망	698~926년
후백제의 건국(견훤)과 멸망	892~936년
후고구려(궁예)의 건국과 멸망	901~918년
고려의 건국(왕건)과 멸망	918~1392년
조선의 건국(이성계)과 멸망	1392~1910년
한일강제합병	1910~1945년
광복절·대한민국 임시정부 수립(이승만)	1945년 8월 15일
6.25전쟁(한국전쟁)	1950년 6월 25일~1953년 7월 27일(휴전)
대한민국	1945년 8월 15일~2014년 11월 30일

고대 국가의 건국일이 정확하지 않으면 세기의 첫 해부터 건국일로 삼았다. 이 표는 아무래도 설정 범위를 시간의 기준을 태양력으로, 역사의 기준을 한국사로 잡았기 때문에 다른 무수한 종교·신화들 그리고 수많은 국가의 역사들은 고려하지 않았다. 내 성격을 보아라. 자칫 잘못하면 측정가능한 모든 변수를 포함해서

집필했을 것이다. 그리스·로마 신화 뿐만이 아니라 4대 문명인 메소포타미아, 인더스, 이집트, 황하를 전부다 고려한다거나 아직까지 미스테리로 남아있는 수많은 문명들과 신화들까지 교차시켜서 연대표를 만들었으면 오히려 지저분했을 것이다.

● 우주에 대한 공부 ●

1) 빅뱅이론의 우주 대폭발은 약 137억년 전

1920년대에 러시아 출신의 수학자 '프리드먼'과 벨기에 신부 '르메트르'가 제시한 빅뱅이론은 처음에 우주가 상상할 수도 없을 만큼 작은 점의 크기였고 이 특이점의 에너지원이 '0'이었다가 어느 순간에 온도와 밀도가 무한대로 가까이 상승하여 팽창하더니 급격하게 온도와 밀도가 떨어지게 되었다.

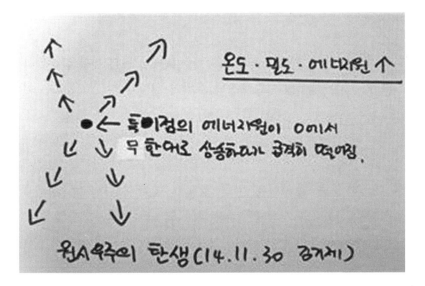

2) 빅뱅이론에 대한 가설 확립(참고 자료 : 스티븐 호킹의 '우주 이론')

수학적 의미는 하나도 모르겠지만 지금 우리의 태양계와 우주의 중심에 있는 블랙홀 안에 특이점에서 우주가 쏟아져 나온 셈이다. 무에서 유가 창조되었다는 점이 많은 과학자들로 하여금 빅뱅이론에 대해서 회의감을 느끼게 만들었다. 여기에서 그 유명한 스티븐 호킹이 등장한다. 1965년 수학자 로저 펜로즈(1931~)의 거대한 물체가 사라지는 구멍이 공간 속에 존재한다고 주장했고 스티븐 호킹은 물질이 유에서 무로 사라진다면 반대로 무에서 유로 태어나는 것도 가능할지도 모른다고 여겼다. 로저는 블랙홀의 중심에서 점으로 이루어진 중력을 '특이점'으로 불렀다. 여기서 특이점은 시공간이 사라지는 지점이다. 호킹은 이 소멸 상황과 반대로 창조의 상황이 가능하지 않을까 연구한다. 펜로즈의 정리에서 시간의 방향을 바꾸면 붕괴가 팽창된다는 걸 깨닫고 블랙홀은 만물을 빨아들이는 대신에 폭발과 함께 공간, 물질, 시간을 뿜어낸다고 생각을 떠올린다.

3) 블랙홀은 양성 입자의 복사 입자를 제외하고 모든 것을 흡수한다
   (참고 자료 : 내셔널 지오그래픽, 호킹의 '우주론')

음성 입자는 블랙홀로 흡수되지만 양성 입자는 에너지가 충분히 흡수되는 걸 피할 수 있고 복사 입자로 방출된다. 호킹은 블랙홀이 열을 발산하여 양성 입자가 에너지원이라는 사실을 입증했다. 내셔널 지오그래픽이 제공한 호킹의 우주론을 보면 특이점은 블랙홀의 중심을 이루는 점이고 시공간을 파괴하고 음성 입자는 빨아들이지만 양성 입자는 복사 입자로 방출될 수 있다고 한다. 네이버 시사상식 사전 '호킹복사'에서 블랙홀로 입자를 방출하며 이로 인해서 질량과 에너지를 잃어버리기 때문에 결국 증발해 없어질 수 있다는 한다. 결국에 요약하면 블랙홀은 모든 걸 흡수하거나 모든 걸 방출하다가 에너지원을 전부 잃어서 아예 사라진다고 한다. 한마디로 빅뱅이 일어났을 때에 특이점은 모든 걸 내뿜고 에너지원을 잃고는 결국 소멸했다는 것이다.

* 물리학 용어 정리표1(위키백과에서 발췌)

물리학 용어를 자꾸 까먹어서 표로 정리했다.

용어	설명
사건의 지평선, 'Event Horizon'.	일반 상대성 이론에서 사건 지평선은 그 내부에서 일어난 사건이 그 외부에 영향을 줄 수 없는 경계면을 말한다. 사건 지평선의 가장 흔한 예는 블랙홀 주위의 사건 지평선이다. 외부에서는 물질이나 빛이 자유롭게 안쪽으로 들어갈 수 있지만, 내부에서는 블랙홀의 중력에 대한 탈출속도가 빛의 속도보다 커지므로 원래 있던 곳으로 다시 되돌아 갈 수 없게 된다.
중력 특이점, 'Gravitational singularity'.	일반 상대성 이론에서 중력 특이점은 어느 부근에서 중력장을 설명하는 일부 수량이 무한대의 시공간의 영역이다. 간단히 설명하면 엄청난 중력 때문에 시공간을 포함한 모든 것이 사라지는 점을 뜻한다. 영국의 이론 물리학자이자 수학자인 로저 펜로즈가 아인슈타인의 일반 상대성 이론을 토대로, 공간에 모든 것을 빨아들이는 점이 수학적으로 있을 수 있다는 것을 증명했다.
특수 상대성 이론, 'Special theory of relativity'.	특수상대론은 빛의 속도에 견줄 만한 속도로 움직이는 물체들을 다루는 역학 이론이다. 특수 상대성 이론은 고속의 물체에 대하여 기존의 뉴턴 역학의 갈릴레이 변환을 대체하고, 갈릴레이 변환과 달리 고전전자기학의 맥스웰 방정식과 일관적이다. 물리법칙이 관측자의 좌표와 상관이 없이 동일하게 적용이 된다는 이론이다.
일반 상대성 이론, 'General theory of relativity'.	알베르트 아인슈타인이 1916년에 발표한 중력을 상대론적으로 다루는 물리 이론이다. 현재까지 알려진 중력을 다루는 이론 가운데 가장 정확하게 실험적으로 검증되었다. 일반 상대성 이론은 중력을 시공간의 곡률이라는, 기하학적 언어로 기술한다. 시공의 곡률(아인슈타인 텐서)은 (우주 상수를 무시하면) 4차원 운동량 밀도에 비례하는데, 이를 아인슈타인 방정식이라고 한다. 일반 상대성 이론에서는 관성계뿐만 아니라 비관성계를 포함한 임의의 좌표계에 대해 물리 법칙이 동등한 형태를 유지하여야 한다. 물리법칙이 관측자의 좌표에 따라서 다르게 적용이 된다는 이론이다. 특수 상대성 이론보다 일반 상대성 이론이 더 우세하다.

* 물리학 용어 정리표2(두산백과에서 발췌)

'자전~척력'과 '만유인력~원자핵'으로 나누어 두 개의 표를 만들었다.

용어	설명
자전 Rotation	천체가 그 자신의 무게중심을 지나는 회전축의 주위를 회전하는 운동
공전 Revolution	천체가 다른 천체 주위를 도는 운동이라고 하지만 엄밀하게는 두 천체의 공통 무게중심의 둘레를 일정한 주기로 도는 것
중력 Gravity	지구의 자전에 의한 원심력과 만유인력을 더한 힘으로 지표 근처의 물체를 연직 아래 방향으로 당기는 힘
인력 Attractive force	두 물체가 서로 끌어당기는 힘을 말하며, 척력의 반대 개념
척력 Repulsive force	두 물체가 서로 밀어내는 힘을 말하며 인력의 반대 개념 또는 반발력

용어	설명
만유인력 Universal gravitation	모든 물체 사이에 작용하는 서로 끌어당기는 힘
원심력 Centrifugal force	원운동을 하고 있는 물체에 나타나는 관성력임
구심력 Centripetal force	원운동을 하는 물체에서 원의 중심방향으로 작용하는 일정한 크기의 힘이며 물체의 운동방향에 수직으로 작용함
입자 Particle	일상적 용어로 입자란 아주 작고 거의 눈에 보이지 않을 정도의 작은 물체를 의미함
원자핵 Atomic nucleus	양전하를 띠고 원자의 중심에 위치하며 원자 질량의 대부분을 차지함

* 물리학 용어 정리표3

'입자 크기 순서표'와 '원자의 종류표'로 구성되어있다.

○ 입자 크기 순서표(소립자 < 원소 < 원자 < 분자 순)

※ 소립자와 원자(생활 속의 화학과 고분자, 2010.12.31, 자유아카데미)에서 발췌.

용어	설명
소립자 Elementary particle	물질을 이루는 가장 작은 단위의 물질
원소 Element	원자들만 결합해서 생성된 물질을 원소
원자 Atom	화학 원소로서의 특성을 잃지 않는 범위에서 도달할 수 있는 물질의 기본적인 최소입자로 양자, 중성자, 전자, 양전자가 있음
분자 Molecule	원자로 구성되므로 분자를 쪼개면 원자

○ 원자의 종류(두산백과에서 발췌)

용어	설명
양자 Quantum	어떤 물리량이 연속의 값을 취하지 않고 어떤 단위량의 정수배로 나타나는 비연속의 값을 취할 경우, 그 단위량을 뜻함
중성자 Neutron	원자를 구성하고 있는 입자의 한 종류로 전하를 띠지 않음
반중성자 Antineutron	중성자의 반입자임
전자 Electron	음전하를 가지는 질량이 아주 작은 입자로 모든 물질의 구성요소임
양성자 Proton	중성자와 함께 원자핵을 구성하는 입자이며, 양의 전하를 가지고 있음
반양성자 Antiproton	양성자의 반입자로 양성자와 질량과 스핀은 같지만 기본전하량의 부호가 반대인 소립자임

41

위대한 바보

2장
나의 상상들

　　나는 상상력이 많은 사람이다. 내 상상력이 사회에게 도움이 될지는 모르겠으나 혹시나 생각하지 못한 방식으로라도 미래의 인재들에게 도움이 되었으면 좋겠다. 이 글들은 여태까지 위대한 지성인들이 내놓았던 가설들보다 더 증거가 없어서 거의 상상에 불과하다. 그냥 재미로 봐주길 바라며 이것이 혹여나 진실로 등장하지 않는 이상에는 절대로 이걸 사실이라고 SNS나 위키 백과사전에 올리지 않았으면 좋겠다. 다른 인재들이 잘못된 지식을 습득해서 올바르게 세상을 이해하는 일에 방해가 될 수도 있기 때문이다.

42

● 38억년 전에 화학반응을 일으킨 운석은 어디에서 왔나? ●

　　미국지질학회가 운영하는 내셔널 지오그래픽에서 소개한 한 가설에 따르면 지구의 최초 생명체 남세균은 지금으로부터 약 46억년 4천만 년 전에 초기 지구가 표면 온도가 섭씨 1,200도였고 이산화탄소와 질수 그리고 수증기만 존재했다고 한다. 그로부터 약 8억년 이후인 약 38억 년 전에 지구에 이름을 모를 유성이 떨어졌다. 그 유성은 탄소, 단백질, 아미노산, 미네랄을 가지고 있었고 지구와 유성의 충돌로 인해서 바닷물에 그 모든 물질이 섞여서 화학적 반응을 일으켜서 최초의 생명체가 탄생했다. 바로 원핵세포인 '남세균'이다. 내셔널 지오그래픽에서는 '남세균'의 탄생 과정까지 다룬 듯 하지만 여기서 나는 또 다른 궁금증이 생겼다. 도대체 탄소, 단백질, 아미노산, 미네랄을 품었던 그 유성은 어디에서 온 것일까? 그처럼 생명을 잉태하는 종류의 유성은 하나 뿐 일까? 만약에 이와 같이 탄생을 초래하는 유성이 다수가 존재했다면 그 유성들이 가지고 있는 그것들은 전부 다 같은 물질이었을까? 서로 다 달랐다면 그 운석들이 다른 행성들과 충돌했을 때에 지금 우리가 알고 있는 것과는 전혀 다른 종류의 생명체가 탄생할 가능성도 있지 않을까? 조디 포스터 주연의 영화 '콘택트(1997년 개봉)'에 나왔던 말처럼 이 광대한 우주에 인간만이 존재하는 건 명백한 공간 낭비다. 어쩌면 내가 이런 남들이 속세에 대한 고민을 하고 있을 때에 탈속세적인 문제에 대해서 고민하게 된 것도 이런 과학 영화들을 덕분이다.

43

● 생명체는 꼭 물과 산소가 필요한 걸까? ●

비과학자인 내가 이런 말을 하는 것이 과학자들에게는 불쾌한 일일지도 모른다. 하지만 나는 철학자가 되길 희망하는 자이다. 그리고 남이 불편해하는 것과 내 궁금증이 합리적인 사고인지 아닌지에 대해서 알아보는 것은 전혀 다른 문제이다. 그렇기 때문에 그들이 기분 나빠할 일이 아니기에 하고자 하는 말을 하겠다. 현대 과학의 근원이 그리스 철학에서 태어났고 초기의 철학자들이 생명의 근원 중에 물을 필수 요소로 봤지만 이들의 관점이 시대의 자료 부족 문제로 조금은 어긋난 것이 아닐까? 지구 최초의 생명체를 만드는 역할을 한 유성이 다른 물질을 머금고 다른 환경의 행성에 부딪혀서 다른 생명체가 태어날 수는 없는 걸까? 우리는 지구의 생명체만 봤다. 우리가 우주대폭발이 발생했던 우주의 중심으로 우주를 바라보는 것이 아니라 천체학적인 관점으로 각각의 관찰자가 서있는 지점을 구체의 중심점으로 삼아서 우주를 이해하기 때문에 부족할 수밖에 없다. 그러니 우리는 아직 어느 것도 단정을 지을 순 없는 노릇이다.

● 제2의 석탄기를 조성해서 석탄을 만들 수 있지 않을까? ●

21세기에 살고 있지만 우리는 여전히 석유에 의존하고 심지어는 석탄에도 의지하며 살고 있다. 지질연대표를 보기 편하게 정리하다가 석탄기를 보면서 깨달은 점이 하나가 있다. 석탄기가 그 지질시대에서 석탄이 많이 발견이 되어서 그렇게 불렸다면 석탄기와 비슷한 환경을 조성하면 석탄을 만들어낼 수 있지 않을까? 두산백과에 따르면 세계의 탄전에 2/3는 고생대에 만들어졌다고 하며, 대한민국 과학콘텐츠센터인 '사이언스올'에 따르면 석탄기의 저습지대에는 거대한 목생양치식물인 인목, 봉인목, 노목 등이 대삼림을 이루고 후에 석탄층을 형성했으며 유럽·북아메리카·중국 등의 중요한 탄전은 이 시대에 형성된 것이며 석탄기라는 이름은 여기에 유래했다고 한다. 또 같은 자료에 첨부된 석탄기의 산림 상상도를 보면 인목류, 속새류, 노목류, 소철 고사리류, 고사리류가 있다. 아직 석탄을 어떻게 만드는지 모르는 것이 옳다면 한 지역에 석탄기와 비슷한 저습지대를 형성하고 인목류, 속새류, 노목류, 소철고사리류, 고사리류 등을 한 지역에 매장시켜서 수천 년에서 수만 년 정도를 묵혀두면 제2의 석탄을 만들 수 있지 않을까? 당장 우리가 쓸 수는 없겠지만 미래의 후손들은 쓸 제2의 석탄을 만들 수 있지 않나하며 재밌는 상상에 빠져본다. 이러한 방식이라면 원유가 가장 많이 생성된 지질 시대를 알아내서 위의 방법과 같은 방식으로 한 지역에 그 시대와 비슷한 지질을 만들고 그 장소에 그 시대에 살던 동물과 식물의 유해를 대량으로 매장시키면 같은 방식으로 에너지를 만들 수 있지 않을까? 만약에 할 수 있다면 반드시 해야 되는 일이라고 감히 주장한다.

● 우주의 팽창을 포용하는 공허의 공간 ●

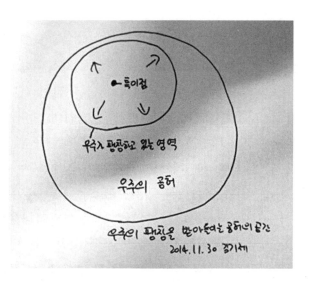

우주의 팽창을 계속해서 받아들이고 있는 여백의 공간은 도대체 얼마나 큰 것일까? 우주가 팽창하고 있는 지점과 공허의 지점이 만났을 때에 보이는 현상은 아름다울까? 무서울까?

● 특이점에 대한 수많은 상상들 ●

나만의 차원정리표(14.12.03).

차원	내용	공간에 대한 인식
1차원	점, 직선, 곡선	1개의 수직선
2차원	면(도형)	서로 2개의 직각으로 교차하는 직선
3차원	입체	서로 3개의 직각으로 교차하는 직선
4차원	3차원+시간	3차원 + 시간의 직선까지 고려
5차원	무한의 공간?!	칼루차-클라인이 10차원을 설명하려 세운 가설

'가설1'부터 '가설10'까지는 작가의 개인적인 상상임으로 사실로 받아들이지 말았으면 한다. 왜냐하면 이것들이 완전한 자료가 되려면 우선 내가 블랙홀의 내부가 어떻게 생겼는지, 우주의 중심부가 어떻게 생겼는지, 양성입자와 음성입자는 무슨 차이인지, 현재 살고 있는 세상을 3차원과 4차원 중에 어느 것으로 인식해야 하는 것인지, 또 4차원은커녕 5차원은 머리로 어떻게 그려야 하는지에 대해서 이해하지 못하고 있기 때문이다. 솔직히 가설이 아니라 특이점이 어떻게 생겼는지에 대한 상상도에 가깝다. 그렇기 때문에 절대로 사실로 받아들이지 말아야 한다고 말하는 것이다. 이 열 개의 가설, 즉 각자의 이론 간에는 서로 전혀 관계가 없는 내용도 서로 관계가 있는 내용도 있다. 하지만 그냥 완전히 서로 다른 이야기로 생각하고 읽어주었으면 좋겠다. 왜냐하면 나도 내가 무슨 소리를 하는 것인지 정리를 아무리 해봐도 알 수가 없었고 그냥 버리자니 아까워서 이렇게 책의 공백이라도 채우기 위해서 사용한 것이기 때문이다. 내 가설들을 플랫랜드처럼 생각해도 좋다. 부디 한 글자만이라도 나의 상상력이 과학에 도움이 되었으면 좋겠다.

* 가설1) 우주의 시작이 정말 특이점일까?

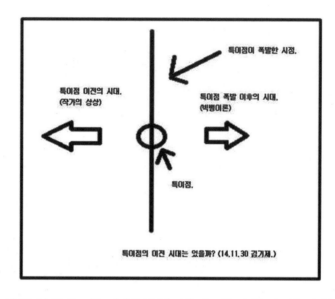

빅뱅이론은 약 137억년 전에 특이점이 폭발하면서 우주가 탄생했다고 주장한다. 여기서 나는 무언가 하나를 놓치고 있다는 느낌을 받았다. 바로 '특이점의 대폭발' 이전의 시대는 왜 생각해보지 않느냐는 것이다. 우주가 점의 상태에서 시작해서 폭발하고 팽창한 것을 우주의 탄생을 보는 것이 지금의 정설이지만 그 특이점이 또 어떻게 생겨났는지에 대해서 알아봐야 한다고 생각한다. 과연 특이점의 이전 시대는 존재하는 것이며 만약에 존재했다면 그 모습은 어땠을까?

*가설2) 내가 생각하는 우주의 탄생과 소멸 과정

호킹이 펜로즈의 블랙홀 가설을 듣고 모든 걸 흡수하는 존재에 대한 반대의 경우로 모든 걸 방출하는 존재도 있을 것이라는 걸 떠올렸다면 특이점의 형체를 유지하다가 어느 순간에

완전히 수축하고 나서 폭발을 일으키며 온도와 밀도가 무한대로 커지면서 또다시 다른 원시 우주가 생길 것만 같다. 다른 사람도 충분히 주장했을 법하지만 만약에 내 가설이 옳다면 여기에서 내놓는 더 한 가지의 가설이 있다.

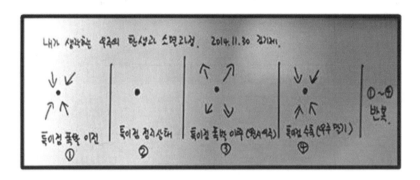

대폭발이 일어나기 이전에 특이점의 정체된 상태가 실은 현재 우주 이전에 존재했던 우주가 소멸하면서 블랙홀의 흡수력에 맞서고 있는 우주의 온도와 밀도가 '0'이 되면서 아무런 힘이 없이 블랙홀로 빨려서 들어갔기 때문은 아닐까 싶다. 현재 우주의 이전에 특이점의 에너지원이 어떠한 현상으로 에너지가 '0'이 된다고 가정해보자, 그 동시에 방출해야 될 복사입자를 가지고 대기하는 특이점의 형태로 머물다가 누에고치에서 나비가 피어나듯이 복사 입자를 폭발시키면서 온도와 밀도가 무한대로 높아져서 팽창한 것이 현재의 우주라고 감히 상상을 해보았다. 우주의 온도와 밀도가 0이 되면 모든 걸 흡수하는 상태가 되고, 우주의 온도와 밀도가 무한대로 올라가면 모든 걸 방출하는 상태가 되어서 이 주기를 반복하는 것이 우주의 탄생과 소멸 과정이 아닐까하고 혼자서 상상하면서 조용히 웃어본다.

* 가설3) 회귀입자

음성입자B
음성입자A
→ 양성입자의 복사 입자.
기타입자 양성입자
① 블랙홀의 특이점이 복사 입자만 제외하고 모든 걸 흡수하는 경우. 14.11.30 김거제

② 블랙홀의 특이점이 모든 걸 방출하는 경우. 14.11.30 김거제

특이점이 모든 걸 흡수할 때에 양성입자의 복사입자만이 자유로울 수 있다면, 특이점이 모든 걸 방출할 때에 자유로운 성질을 가진 입자는 없을까? 전문 지식이 없어서 그냥 혼자서 상상하기에는 복사 입자가 자유롭다는 표현을 블랙홀의 흡수로부터 반사되는 성질로 생각하게 되고, 또 만약에 복사 입자의 반대 성질을 지닌 입자가 있다면 그건 블랙홀의 방출되는 힘을 뚫고 블랙홀 안으로 들어가는 물질이니까 회귀의 성질을 가진 입자라고 해서 내 마음대로 '회귀물질'이라고 명명해보았다. 블랙홀의 특이점에 비밀이 밝혀지지 않는 이 시점에서는 내가 만든 이론은 다 상상에 불과하다.

가설4-1) 복사입자와 회귀입자(물질)의 관계.

나는 스티븐 호킹의 '복사입자'에서 블랙홀이 모든 것을 흡수할 적에 양성입자의 복사입자만이 자유롭게 방출되는 것을

보고 이걸 '우주의 대흡수'로 봤고 이와 반대로 블랙홀이 모든 것을 방출할 적에 블랙홀의 특이점으로 계속 돌아가려는 성질을 지닌 회귀 입자가 있지 않을까 떠올렸다.

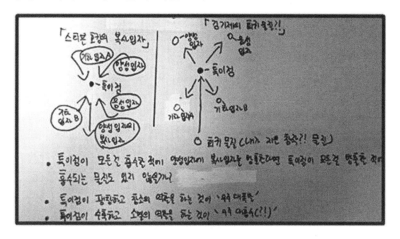

가설4-2) 회귀입자(물질)의 일정량이 특이점으로 다시 오면 어떨까?

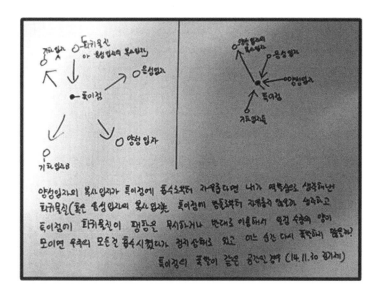

내가 상상한 회귀물질 혹은 회귀입자는 스티븐 호킹의 복사

입자에 반대되는 개념이다. 복사입자는 블랙홀의 흡수로부터 자유롭고, 회귀물질은 블랙홀의 방출로부터 자유롭다. 나는 여기에서 한 번을 더 상상을 해서 회귀 입자가 일정량으로 특이점에 다시 되돌아오면서 쌓이게 되면 우주의 모든 걸 흡수시키지 않을까라고 상상해보았다.

가설5) 같은 차원에 특이점이 다수인 경우

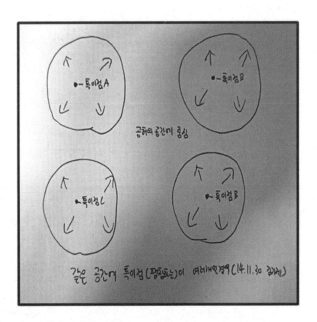

만약에 같은 차원에 특이점이 다수가 있고 우주의 팽창을 받아들이는 공허의 공간이 너무나도 커서 각자의 우주가 서로 만나지 못한 것은 아닌가에 대해서 상상해보았다.

가설6) 같은 차원에 다수의 특이점이 있을 때에 서로 연결된 경우

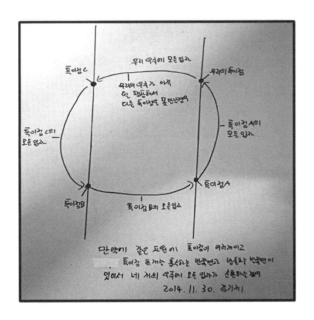

'가설5) 같은 차원에 특이점이 다수인 경우'에서 나아가서 각 특이점들을 중심으로 한 우주들의 모든 입자가 서로 순환하면서 돌고 있는 경우를 상상해보았다. 각자의 특이점을 지닌 우주들의 입자가 서로 흡수하고 방출하는 과정을 되풀이하면서 우주의 생성과 소멸에 대해서 고민해보았다.

가설7) 같은 차원에 다수의 특이점이 서로 웜홀로 연결된 경우

'가설6'에서 더 나아간 상상으로 우주의 창조와 소멸을 설명하기 위해서 입자가 서로 순환되는 과정을 그리기 위해서 상상한 그림이다. 예를 들어서 특이점A를 중심으로 한 '우주A'가 모든 걸 흡수하고는 끝내 소멸하는 과정을 거치면서 '특이점A'를 통해서 우리의 특이점으로 '특이점A-우리의 특이점의 웜홀'을 통해서 우리가 살고 있는 현재의 우주에 모든 입자를 쏟아내고, 또 다시 '우주B'가 소멸되면서 '특이점B-특이점A의 웜홀'을 통해서 모든 입자를 이동시키는 식으로 약 네 개의 특이점과 웜홀을 통해서 서로의 입자들이 이동하면서 우주가 탄생하고 소멸하는 과정을 상상해보았다. 특이점을 네 개로 설정한 것은 단순히 임의대로다.

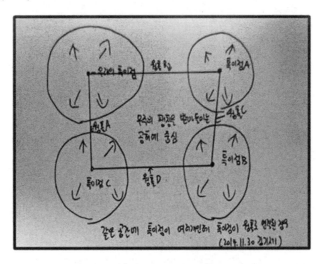

가설8) 특이점의 에너지원이 0에서 무한대로 상승하는 과정 상상도

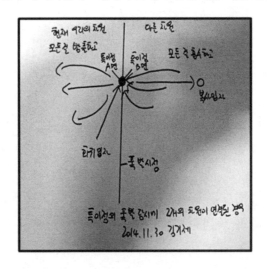

아무리 생각해도 특이점의 에너지원이 '0'이었다가 갑자기 무한대까지 상승하면서 현 우주의 모든 입자를 쏟아낸 점이 의문스러워서 고민하다가 그린 상상도이다. 두 개의 차원에 한 개의 특이점으로 연결해서 모든 입자가 다른 차원의 우주에서 우리의 우주로 이동하는 걸로 우리의 현재 우주의 탄생을 설명하다가 만든 상상도인 셈이다.

가설9) 다수의 차원이 한 개의 특이점을 공유한 경우

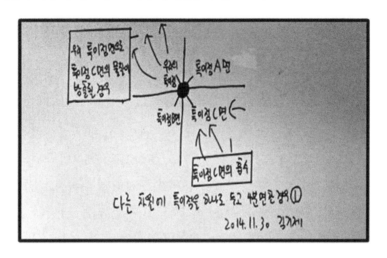

역시 특이점의 이전상태를 그리기 위해서 만든 그림 중에 하나이다. 그림의 특이점 중에 4분 1에 해당하는 '특이점-C면'에서 '우리의 특이점'면으로 모든 입자가 이동하는 걸 그려보면서 우리가 살고 있는 우주의 특이점이 어떻게 에너지원을 얻었고 폭발하면서 팽창해나갔는지에 대해서 상상하다가 그린 그림이다.

가설10) 특이점이 회전하는 겉면과 흡수하는 중심으로 나뉠 경우

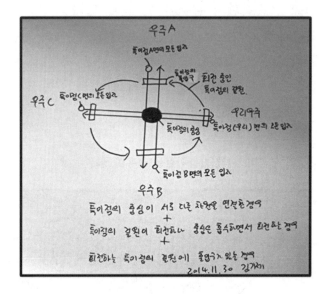

특이점에 관한 마지막 상상이었는데 특이점의 중심이 서로 다른 차원의 우주를 연결한 경우에 특이점의 겉면이 회전하나 중심은 흡수하는 구조를 가졌을 경우에 회전하는 특이점의 겉면에 출입구가 있어서 서로 다른 차원의 우주에 모든 입자가 서로 교환됨으로써 우주가 팽창하고 수축하는 모습을 상상해보았다.

3장
철학, 지혜를 사랑하는 학문

　내가 이상주의자라서 그러는지는 몰라도 사람들이 철학을 등한시해서 너무나도 안타깝다. 처음에는 나도 철학이 무엇을 하는 학문인지에 대해서 형태를 파악할 수 없어서 엄청난 자괴감이 들었다. 왜냐하면 철학이라는 말은 어디에라도 다 가져다가 붙일 수 있는 말이기 때문이다. 예를 들어서 동네 아저씨의 철학, L모 전자 CEO의 철학 등… 사람의 생각에다가 붙여 쓸 수 있고 한 기업의 정체성을 나타내는 데에도 사용할 수가 있다. 특정의 학문을 정말 순수하게 학문적으로 발전을 시키는 데에 쓰기도 하며, 어떠한 문제에 대해서 심도가 있게 고민하고 해결책을 제시하기도 하고, 사회가 억울한 일을 당한 사람을 외면했을 때에 그것에 대해서 심도 있게 비판하기도 한다. 군대에서 임마누엘 칸트를 처음 접해서 그의 책을 몇 권을 읽었을 때조차도 도대체 '철학은 무엇을 하는 학문인가', '철학은 왜 배우는 것인가'라는 고민으로 나날이 괴로워했다. 그러던 도중에 나의 모교인 동양미래대학교에서 오은아 교수님의 철학 수업을 듣고 나서야 철학이 무엇을 가르치는 학문인지를 알게 되었다. 철학은 본래 고대 그리스에서 뻗어서 나온 학문이며 지금처럼 학문이 세분화되지 않았을 당시에 순수하게 지식을 연구하는 학문 그 자체였다. 이제는 각 학문에서 자신들의 지식을 개별적으로 연구하지만 철학은 지식의 경계가 없이 모든 지식을 하나로 묶어서 그것에 대해서 깊게 고민하는 학문인 것이다. 그렇다,

철학은 지혜를 사랑하는 학문이다. 다른 대학의 철학과 수업을 한 번이라도 몰래 들었다면 한 번에 알았을 지식을 찾는데 몇 년을 허비했던가? 그래, 철학은 지혜를 사랑하는 학문이며 여러 학문을 하나로 겹쳐서 보려고 노력하기 때문에 다른 사람들이 보지 못하는 점을 간파하려고 노력하고 또한 우리가 그냥 당연하게 넘기는 사회의 잘못이나 우리의 잘못을 그냥 넘기지 말고 한 번쯤은 다시 '이것이 정말로 올바른 일인가'에 대해서 질문하는 회의적인 자세를 지닌 학문이 바로 철학이다. 벌써부터 적이 많아지는 소리가 들린다.

● 초월적 존재가 아닌 합리적인 사실에서 답을 구하자 ●

　서양 철학의 아버지 '탈레스'는 인간의 지적 능력으로 설명해낼 수 없는 현상들을 신이나 초월적인 존재를 빌어서 설명하지 말아야 하며 오로지 합리적인 이성으로 밝혀내려고 했다. 지적 능력으로 설명해낼 수 없는 현상들을 초월적 존재의 힘을 빌어서 설명하지 말아야 한다는 생각을 고대 그리스 때부터 하는 걸 보면 이성의 수준이라는 것이 시대에 얽매어 있는 것은 아닌 듯하다.

　각 시대에 쌓여진 지식이 더 많고 검증이 더 많이 될수록 공동에 지식의 수준이 높아지는 것은 분명하다. 이성적인 사람이 어떠한 시대에 어떠한 지식을 접하고 인생을 살아가느냐에 따라서 그 사람의 지적인 역량에도 영향을 끼치는 것이 확실하다. 그렇다면 과거의 철학자나 지성인임에도 불구하고 현재에 태어났다면 과거보다 검증이 많이 된 이성적인 지식을 가지고 성장했다면, 지금보다 더 대단한 일이 일어나지 않았을까? 비록 지금은 이런 생각이 행복한 상상에 그쳤지만 이 시대를 살아가는 지식인들과 미래를 살아갈 지식인들이 앞으로 쉬움에 타협하지 않고 올바른 지성의 길로 나아간다면 앞으로 눈물이 흐를 정도의 아름다움이 펼쳐질 것만 같다.

* 탈레스(Thales of Miletus, 기원전 약 624~약 546)

탈레스가 철학의 아버지가 된 까닭은 현상의 단순화를 통해 자연을 분석하고자 했고, 신화나 그 속에 등장하는 신들의 괴력 대신 자연 그 자체로부터 현상의 원인을 탐구했기 때문이다.

[네이버 지식백과] 탈레스 (세상의 모든 지식, 2007.6.25, 서해문집)에서 발췌·요약.

위대한 바보

● 철학을 알게 된 계기 ●

　　누군가 나에게 철학적인 깨달음을 언제 받았냐고 한다면 깨달음을 얻은 모든 순간이라 말할 것이고, 그중에서 가장 중요한 것을 얻은 때가 언제냐고 묻는다면 대학교 시절에 교양 과목으로 들었던 철학 관련 수업을 수강했을 시절과 군대에서 알아듣지도 못한 임마누엘 칸트의 도서를 닥치는 대로 읽은 시절 그리고 나중에서야 어린 나이에, 그러니까 철학을 아예 몰랐을 적에 '그런 것들도 철학이었구나'라고 뒤늦게 혼자서 소름이 돋았던 매순간이라고 할 수 있다.

　　아주 웃겼던 것이 내가 철학을 접근하게 된 경로인데 작가를 꿈꾸던 내가 상을 탈 실력이 되지 않는 상태로 작가가 너무나도 되고 싶은 나머지 커피숍 알바로 돈을 모아서 개인출판한 '모방살인마'라는 작품을 완성하기 위해서였다. 내가 설정한 이 소설에서는 최고의 선과 악을 캐릭터로 분리시키고 서로 열렬히 열변을 토하는 장면이 있는데 여기서 악당이 '세 상에서 자신의 이익을 위해서 남을 해치는 것은 인간밖에 없다' 라는 대사를 하자 주인공이 아무런 대꾸도 못하는 상황이 되어 버렸다. 내가 그리는 장면은 주인공이 악당을 말로 정의롭게 이끌 어야 했지만 내가 만들어놓은 악의적인 대답에 선의로 대할 수가 없었다.

　　이 소설의 90%가 완성된 시점에서 이를 이루어내지 못해서 글을 멈추었다. 이후에 수개월의 세월이 지나서야 나는 그 염세주의적인 대답에 '세상에 자신의 이익을 위해서 남을 해치는 존재는 인간 뿐이지만 또한 자신의 손해를 무릅쓰고 남을 돕는 존재도 인간 뿐이다'라는 결론을 내릴 수가 있었다. 임마누엘 칸트의 비판적 이성주의를 받아들이려고 애를 쓰고 몇 개월

후에야 나는 그 장면을 완성할 수 있었다. 그 순간부터 나는 철학에 대한 학구열이 불에 타올랐다.

고등학교 시절로 돌아간다면 지방대의 철학과 쪽이라도 도전하고 싶다는 마음이었지만 철학적인 관점에서 과거로 돌아가는 일은 바꿀 수 없다, 또한 과거에만 힘을 쏟아 미래를 볼 수 없게 되는 일이고, 편입하는 일은 전문적인 지식을 쌓을 수도 있으며 다른 사람들도 내가 철학전공자라고 인정할 수 있는 일종의 자격증을 취득하는 행위였으나 그러나 내가 철학을 알고 있다는 걸 증명하기 위해서 비싼 돈을 주고 '철학 자격증'을 얻을 필요는 없었다. 보여주기 위해서 철학을 배우는 것 또한 철학적인 관점에서 쓸모가 없기 때문이다. 그러니 차라리 철학 서적을 사서 읽어서 체득하거나 사회의 문제에 대해서 회의적인 관점으로 문제를 분석해서 해결책을 내거나 그저 지혜를 사랑하기만 하는 것이 경제적으로도, 철학적으로도 쓸모가 있다고 판단했다.

● 내가 생각하는 '생각한다 고로, 나는 존재한다'의 의미 ●

영화 트루먼쇼와 매트릭스를 보고 난 후에 많은 사람들이 자신이 살고 있는 세상이 조작되어진 것이 아닌지 의심하고 있다고 한다. 이를 단순히 미쳤다고 생각할 일은 아니다. 왜냐하면 이러한 의심은 철학자이자 신학자였던 르네 데카르트가 이미 했던 고민이기도 하기 때문이다. 르네 데카르트는 철학자답게 단순히 기존에 있던 학문과 문화를 그대로 받아들이는 게 아니라 이게 정말 맞는 것인지 의구심을 가지고 회의하다가 자신이 바라보는 모든 것을 거짓이라고 가정해보기로 한다. 자신이 믿는 종교, 주위 사람들, 학문, 지식 등등.. 이 세상에는 아주 교활하고 힘이 있으며 온갖 재주를 부리고 나를 속이려는 전지전능한 악마가 존재해 지금 나를 속이는 중이라면 이 세상 속에서 흔들리지 않고 존재하며 의심할 여지가 없는 존재가 과연 있을 수 있을까라고 고민하였다. 그렇게 고통스러워하다가 데카르트가 깨달은 것은 '세상에 자신을 속이려고 모든 것을 교활하게 꾸미는 악마가 있더라하더라도 이렇게 끊임없이 생각하고 의심하는 나라는 존재는 확실히 존재한다'라고 깨달았다. 그래서 '생각한다 고로, 나는 존재한다.'라는 말이 탄생하게 된 것이다. 결국 이 세상이 조작된 세상이더라도 확실히 있다고 믿을 수 있는 사실은 끊임없이 생각하는 '나'라는 존재는 세상에 반드시 존재한다는 것이다.

* 르네 데카르트(Descartes, René, 1596~1650)

프랑스의 철학자, 수학자, 물리학자, 생리학자. '근대철학의 아버지'라 불리며, 합리주의 철학의 길을 열었다.

_ [네이버 지식백과] 데카르트 (철학사전, 2009, 중원문화)에서 발췌 및 요약.

● 내가 철학을 좋아하는 이유 ●

　그래도 내가 좋아하는 것이 있다면 철학이다. 그나마 사실을 냉정하게 바라보게 함으로써 사람들 간의 싸움을 말리는 데에 도움이 되기 때문인 동시에 한시도 멈추지 않고 바이러스에 침식당한 컴퓨터 마냥 팝업창이 무한대로 켜지는 내 머릿속을 진정시켜주기 때문이다. 생각이 너무 많아서 통제가 되지 않아서 잠을 이루지 못할 때에 철학이 주는 깨달음이 머리를 시원하게 해주면 잠은 못 잘지언정 마음과 깨달음을 얻은 머리가 기뻐서 잠시라도 깨달음을 되새기는데 집중하느라 다른 생각들이 멈추어지기 때문에 난 철학을 사랑한다. 사랑하는 사람의 좋은 점은 더 좋게 보게 해주고, 싫은 점은 더 쉽게 이해하게 만들어서 용서하게 만들며 나를 그릇이 더 큰 사람으로 만들어주는 철학이 난 좋다. 비록 마음의 깊이가 머리의 것보다 모자란 것이 흠이라도 말이다.

63

● 이성적인 사고를 가진 5인 ●

　나의 이성적인 사고방식에 영향을 준 사람을 꼽자면 크게 다섯 명이다. 이들은 각각 '임마누엘 칸트', '데카르트', '갈릴레오 갈릴레이', '이순신', '탈레스', 정체가 밝혀지지 않은 '스피노자의 정신'이다. 불합리적인 일에 꽤나 반항적인 소질을 가진 덕분인지 살아가면서 고작 백 권이 넘는 책을 읽은 주제에 이들과 마주쳤다는 사실에 감사하다.

(어떤 이는 내가 게임이나 미드에 쏟는 시간에 책을 읽었으면 지금보다 더 나았을 것이라고 농담하기도 했다)

1) 임마누엘 칸트, 사실을 볼 줄 아는 힘

　내가 임마누엘 칸트를 만난 건 두 번인데 한 번은 군대에서고, 나머지는 대학교 교양 과목으로 듣던 철학 수업에서였다.

　스피노자의 정신이 성난 비판가로 느껴졌다면 칸트는 매서운 동네 할아버지의 느낌을 풍겼다. 그는 선의의 거짓말조차도 거짓말이기 때문에 하지 말아야 한다고 할 정도로 기계에 가까운 이성을 가진 철학자였다. 그의 사고를 조금이라도 익힌 나는 다수가 사과를 귤이라고 우겨도 사과라고 주장할 수 있게 되었다. 심지어 다수가 나를 때린다고 해도 사과를 귤로 바꿀 수는 없다. 단지 사과가 사과라는 사실을 아는 사람이 굴복했을 뿐이지 사과라는 사실은 절대로 꺾을 수가 없는 것이다. 이 지식은 칸트를 접하고 5년이 지나서야 체득한 불변의 진리이다.

2) 르네 데카르트, 나를 신뢰할 수 있는 힘

스피노자의 정신이 타협하지 않는 자라면 데카르트는 종교와 타협을 한 철학자다. 아니 종교인으로써 이성적인 사고와 타협을 한 걸지도 모른다. 둘 중에 무엇이 되었든 간에 그가 만든 '고로, 나는 존재한다'가 그 증거인데 그는 만약에 자신이 믿고 있는 '진짜 신은 다른 존재이고 현재 믿는 신이 사탄이면 어쩌지'라는 불안감에 떨었고 그 사탄이 진짜 신을 숨기고 세상에 있는 모든 것과 자신의 육감을 속이고 있는 것이라면 세상에 변하지 않은 사실이 무엇이 있나 고민하던 중에 세상에 있는 모든 것이 나를 속일지라도 이렇게 끊임없이 의구심을 던지는 나라는 존재는 반드시 존재한다는 사실을 깨닫고 '생각한다 고로, 나는 존재한다'라는 말을 만들어냈다.

가끔 세상이 무너질 것 같은 불안감에 사로 잡힐 때면 나는 '반드시 존재하는 나'를 믿고 흔들리는 두 다리를 부여잡으며 다시 세상을 향해서 걸어가곤 한다.

3) 탈레스, 선동자들을 구별할 수 있는 힘

서양 철학의 아버지인 탈레스는 이성적으로 대답할 수 없는 문제를 초월적인 존재에 기대어서 해답을 구하지 말아야 한다고 했다. 이 이상의 문장으로 무엇을 설명해야 할까? 이 세상에 살다 갔던, 살고 있는, 살아갈 모든 선동자, 사이비, 현학자, 부패 기득권, 사기꾼들과 '스스로 생각하길 포기하고 자신이 가진 물음에 스스로 대답할 수 없는 사람들'만이 새겨들어야 할 문장이다.

4) 갈릴레오 갈릴레이, 세상도 틀릴 수도 있다는 걸 알려주다

그는 세상이 틀릴 수도 있다는 사실을 알게 한 사람이다. 과거에는 바다 끝에 낭떠러지가 있고, 하늘에 별이 박혀 있으며, 지구가 우주의 중심인 것이 상식이었다. 하지만 갈릴레오가 그래도 지구는 돈다고 발언한 후에 지구가 구체이기 때문에 바다 끝에 낭떠러지는 없고, 별은 하늘에 고정된 것이 아니며, 지구가 우주의 중심이 아닌 것이 상식이 되었다. 그가 만약에 지레 겁을 먹고 알고 있는 사실을 숨겼다면 우리는 몇 세기나 퇴보된 세상에서 살고 있을지도 모른다. 지금도 우리가 알고 있는 상식 중에 알면서 묵인하고 있는 잘못된 지식이 있을 수도 있다.

5) 이순신과 수군들, 자신을 미워해도 감정이 아닌 이성으로 조국을 구한 사람

선조와 원균 그리고 그들을 추종하는 아둔한 세력들이 권력의 유지에 미쳐서 왜란 중에 나라를 지킬 생각보다 이순신을 정치적으로 공격할 동안에 이순신과 수군들은 정신을 다듬어서 조국을 지켜냈다. 만약에 이순신과 수군들이 자신들을 괴롭히는 세력들에게 감정적인 대응을 했다면 나라를 지키지 못했을 것이다. 나는 그들에게 감사의 말을 전한다.

6) 스피노자의 정신, 종교에 대한 반감이 극에 다다른 사람

고등학교 때였다. 절친한 친구가 나에게 '너라면 이해할지도 몰라'라며 '주제페 아르침 볼디'가 그린 야채로 보이면서도, 사람으로도 보일 수 있는 그림이 새겨진 '세 명의 사기꾼'이라는 책을 줬다. 이 도서는 종교인들이 정말 싫어할만한 책인데 그럴

만도 한 것이 모세와 예수 그리고 마호메트를 사기꾼이라고 주장하고 있다. 이 책을 읽었다는 사실만으로도 종교를 가진 내 가족과 지인이 날 몰아세우겠지만 그런 구세대 이분법적인 사고방식으로 무신론자를 핍박해봤자 아무 것도 달라질 것이 없다. 논리에는 그에 맞는 해답을 제시할 수 있어야 한다. 나나 다른 비종교인들을 폭력으로 제압하여도 '신이 없다'라고 주장할 수 있는 사람은 차고도 넘쳤다. 이제 종교인들이 고수하고 있는 중세 시대적의 마케팅을 버리고 과학적인 물음에 성서가 아닌 과학으로 대답할 수 있어야 된다. 그래야 비종교인들도 종교를 신뢰할 것이다.

사설이 너무 길었지만 스피노자의 정신으로 돌아오자면 내가 그를 존경하는 이유는 그가 예수와 모세 그리고 마호메트를 비판해서가 아니라 다른 사람은 하지 않으려고 하는 비판적인 사고를 가지고 있었기 때문이다. 사람이 육감에 지나치게 의존하게 된 나머지 인간이 좋아하는 육감을 신도 좋아할 것이라고 꾸민다고 지적한 점, 모세에 율법과는 관계없이 역대 랍비끼리 책을 짜깁기를 해서 신빙성이 떨어진다고 생각하는 점, 신은 형체가 없다고 주장해놓고 수많은 예언자들이 신이 형체를 띤 상태로 목격했다고 한 일들을 비꼰 점, 신은 감정이 없고 완전한 이성을 지녔다고 하면서 신에게 인간이 느낄 수 있는 모든 감정을 다 가져서 무섭기도 하고 자애롭다고 한 걸 알아 낸 점 등 한 번쯤은 반드시 점검했어야 마땅한 물음 등에 대해서 지적했다는 점이다. 내가 생각하기에는 중세 시대에 마녀사냥을 이끈 종교의 세력에 깊은 반감을 느낀 자 중에 하나가 스피노자의 정신일 것이다. 마녀로 지목된 사람이 마녀가 아니라는 걸 밝히려면 돌을 발에 묶은 후에 물에 않아야 했으니 반감이 생길 수밖에 없다. 그뿐만이 아니라 종교에 반문을 던지는 사람들은 핍박받아야 했던 시대적 배경으로 봤을 때에 광기 어린 종교의 폭력 행사에 반감을 가진 지식인으로 조심스럽게 추정해본다. 그 당시의 종교들이 내부로 스며든 사이비 및 부패 세력을 잡지 못했기에 종교 권력 유지를 위해서 수많은 지성인들과 무고한 사람들을 대량 학살했다. 이 모든 것이 잘못된 것을 잘못되었다고 말하지 못하게 했기 때문이다. 스피노자의 정신은 종교 부패 세력이 스스로 만든 반종교적인 지식인이 아닐까 싶다.

● 이순신과 원균 사이의 진정한 문제점 ●

　　이순신이라는 인물에 대해 들어보지 못한 한국인은 없을 것이다. 그만큼 우리의 역사에서 빼놓을 수 없는 사람이 바로 이순신이다. 우리에게 이순신이 가슴 속에 남아있는 이유는 같은 민족으로써의 안타까움 때문이라고 생각한다. 본인은 나라를 위해서 싸울 궁리만 하고 있는데, 왕이나 신하들은 자신을 폄하하기에 바빴고, 보통의 사람이었다면 자존심이 상해서라도 하지 않았을 백의종군까지 하면서도 나라를 지키려고 애를 썼다. 이순신과 원균 사이의 진정한 문제점은 조선의 왕과 대신이 사실을 토대로 두 사람을 평가한 것이 아니라 더 친한 사람에게 기울어졌다는 것이다. 이순신은 자신을 최대한 포장하지 않고 나라를 지킬 궁리만 하던 사람이었고, 원균은 나라를 지키는 것보다 개인의 사리사욕에 더 욕심이 많아서 이순신을 폄하하기에 바빴다. 선조와 여러 대신들은 이순신과 원균이 서로 마찰을 일으킬 때마다 원균의 손을 더 들어주었다. 원균은 도읍 근처에 있어서 왕과 대신들을 자주 만나기 쉬웠고 사람의 그릇이 작고 욕심이 많아서 군인으로써 나라를 지키는 것이 우선인지, 자신이 이순신보다 더 대단한 사람이라고 각인시키는 것이 우선인지 구분을 할 줄 모르는 바보였다.

　　이 무지함에 지속적으로 원균의 추종세력들이 손을 들어줬다면 조선은 더 빨리 멸망했을 것이다. 이것이 바로 문제점이다. 나라를 지키는 군인에게 있어서 가장 중요한 덕목은 우국충정이고 나라를 지켜낼 수 있는 능력이다. 능력이 있는 자가 나라를 지키는 데에 협조하기도 바쁜데 이를 시기하는 자에 동조를 하니 이순신이 받았을 스트레스는 상상도 하기 힘들며 수백 년이 지난 이 순간에도 그 괴로움이 제 3자인 나에게까지 전해진다. 나라를 지킬 능력이 있는데 대인관계가 활발하지 못했던 이순신과 나라를 지킬 능력이 없는데 대인관계가 활발했던 원균 중에 누굴 수장으로 뽑아야 하냐고 물으면 가장 논리적인 대답은 '이순신을 선택하라'이다. 그럼에도 불구하고 친함에 뇌가 마비되어서 능력도 되지 않는 자를 선택했으니 다수의 결정이라는 것이 때때로 얼마나 감정적이고 비이성적인지 알 수 있다. 이순신이라는 사람의 능력과 충성심이 원균보다 더 뛰어났음에도 그가 조정의 선택을 받지 못한 것은 자신의 루머에 대해서 항변하지 않았고, 원균에 대해서 험담을 하지도 않았기 때문이다. 만약에 이순신이 원균과 같은 소인배에게 화를 주체하지 못하고 같이 서로 폄하만 했었다면 이순신이라는 사람이 가진 재능이 원균과 싸우느라고 허비되었을 것이며 어쩌면 나라를 지키지 못했을지도 모른다.

　　이순신의 지휘 능력과 나라를 지키려는 충성심보다도 더 뛰어난 그의 장점은 조선에서 가장 이성적인 사람이었다는 데에 있다. 원균이 하는 소리가 거짓임을 알고도 원균과 싸우는 것이 나라를 지키는 데에 도움이 되지 않는다는 것을 알기 때문에 합리적인 선택을 내린 것이다. 조선에 있는 왕과 그 수많은 대신들보다 이순신 한 명이 더 이성적이었다. 군인이 진정으로 행해야 할 충성은 국가에 있지, 왕이나 대신에게 있는 것이 아니다. 권력을 쥐고 있는 사람이 멍청한 결정을 내린다면 그걸 무작정 따르기보다는 올바른 길로 나오도록 뼈아픈 조언을 할 줄 알아야 한다. 권력층이 사라져도 국가는 살 수 있지만 국가가 사라지면 권력층도 살아남을 수가 없으니 권력층에 충성을 하는 것보다 나라 자체에 충성을 하는 것이 중점이 되면 나라도 살고, 권력층도 같이 살아남을 수 있는데 예나 지금이나 군인이 충성을 해야 할 대상이 권력층에만 집중이 되어있으니 전쟁이 일어날 때마다 나라가 멸망할 위기에 처하는 것이다. 나라를 지키면 권력층도 사니까 나라를 지킬 능력이 있는 사람을 선택해야 한다는 합리적인 선택을 욕심에 해치지 말아야 한다. 우리가 반만년의 역사를 가지면서 가장 뇌리에 남은 인물이 이순신이지만, 앞으로 우리의 역사에 이순신만큼이나 대단한 인물이 나오려면 우리의 인식과 체계를 바꿔야 한다. 나라를 잃고 나서 항쟁하는 것은 좋은 것이지만 애초부터 나라를 잃지 않도록 내부의 부패를 찍어낼 수 있는 힘이 있어야 한다.

● 금은 금이다 ●

　　나의 냉소주의는 '세 명의 사기꾼'이라는 서적을 쓴 스피노자의 정신을 표방하고 있고, 평등과 박애주의는 묵자와 간디 그리고 예수와 부처에게서 가르침을 얻는다. 나는 나보다 배울 점이 있다면 다섯 살짜리 아이에게서도 가르침을 얻을 수 있다. 권력자와 부자에게 아부를 떨면 나의 사회적·경제적 입지에 큰 도움이 될 걸 알면서도 그게 마음에 들지 않아서 하지 않는 괴짜이다. 심지어는 내가 마음에 드는 여자가 어떤 말을 좋아할지 어떻게 해야 친해져야 할지 감을 잡아도 그것을 하지 않는다. 이건 주변의 시선을 너무 의식한 탓이다. 나는 대인관계를 사람과 사람 간의 믿음으로 생각하고 있지만 대인관계가 사실의 옳고 그름을 판가름해주는 기준이 아니라는 것을 알고 있다.

　　하지만 사회에서는 너무나도 많은 문제들이 대인관계에 따라서 결정이 난다. 양측의 의견을 다 듣고 객관적인 증거가 있어야지만 사건을 면밀히 판단할 수 있음에도 불구하고 많은 사람들은 '내 친구는 착하니까'라는 잣대로 사실 관계와 상관없이 자기와 친한 쪽에 힘을 실어주기 때문이다.

　　'내 친구는 착하니까'이라는 말은 정말 웃기는 말이다. 그런 논리로 따지면 세상에 착하지 않은 사람이 어디에 있고 범죄자는 세상에 왜 존재하는가? 살인자들이나 강간범끼리도 서로를 착하다고 한다. 사실의 옳고 그름은 대인관계의 친하고, 그렇지 않음으로 결정하는 것이 아니라 사실 관계로 판가름을 해야 한다. 그럼에도 불구하고 사람은 머릿수가 많아지면 힘으로 진실을 찍어서 누르려는 성향이 강하기 때문에 나는 다수를 혐오한다. 객관적인 근거에 따른 사실로 판단하기보다는 힘으로 이길 수 있기에 상대방을 짓눌러서 사실을 바꿀 수 있다고 믿기 때문이다. '내 친구는 다 착하다'라는 말보다 더 웃기는 건 다수가 진실을 아는 소수를 생매장시켜도 그건 진실을 아는 사람이 다수에게 꺾인 것이지 진실 자체를 꺾은 것이 아니라는 걸 전혀 모른다는 점이다. 다수가 우길 때마다 사실이 바뀌었다면 우리마저도 갈릴레오를 비웃고 있었을 것이다. 다수가 화를 내면서 금을 귤이라고 부른다고 해서 금이 귤이 되지는 않는다. 금은 금일뿐이다.

● 믿음을 조롱하지 말자는 지나친 배려가 탐구를 방해한다 ●

진리를 탐구하는 일은 진실을 찾아내는 일이다. 여기서 내가 말하는 진실은 인간이 설명해낼 수 없는 문제에 대해서 인간이 결론을 내리려고 할 때에 초월적인 존재에 기대지 않고 오로지 합리적인 이성에 의해서 구해지는 해답을 말한다. 그런데 가끔씩 보면 나보다 지적 능력이 아주 월등한 사람들이 합리적인 답을 구해놓고도 그것에 대해서 말하기를 꺼려하는 걸 종종 보았다.

그중에 예를 하나 들자면 종교인이나 사주를 믿는 사람들과 이야기를 할 때에 그들이 나보다 수학적으로 뛰어난 머리를 가졌고 빅뱅이론이나 지구의 공전과 자전과 같은 과학적인 사실에 대해서 충분히 이해하고 있었다. 그러나 과학에서는 우주 대폭발이 약 137억년 전인 것에 비해서 태양력(유대교 기준)을 기반으로 한 모든 종교들에서 천지가 창조된 것이 약 5,775년 전(기원전 3,761년 전)인 것을 보고 왜 세상이 창조된 시기가 서로 다르냐는 질문에 굉장히 불편해했다. 내가 느끼기에는 자신들의 믿음을 조롱했다고 여기는 것 같았다. 그런데 타인이 불편한 일이랑 진실을 찾는 일이랑은 별개의 일이다. 한마디로 나는 종교인들을 공격하려고 세상이 창조된 시기를 연구하는 것이 아니라는 말이다. 모든 종교인들이 내가 이런 질문을 할 때마다 공격적인 태도를 취한 것은 아니지만 몇몇의 종교인들은 매우 격렬하게 화를 내었다. 그런데 웃긴 점은 분명히 과학과 태양력 기반의 종교들이 주장하는 세상의 탄생 시점이 서로 약 136억년이 넘게 차이가 왜 나는지에 대해서 합리적인 답을 내놓는 것이 아니라 나를 인신공격하기도 하거나 남의 믿음을 조롱하지 말라고 정색을 했다.

하지만 나를 모욕하거나, 나의 질문에 대답하지 않거나,

전혀 다른 주제로 이야기를 몰고 가도 두 개의 탄생 시점이 왜 136억년이나 차이가 나는지에 대한 해답은 내려지지 않는다. 심지어 나를 죽인다고 하더라도 말이다. 나라는 사람을 죽여도 단지 차이점에 대해서 의문을 품던 사람이 죽은 것이지 차이에 대한 의문점 그 자체는 무슨 짓을 해도 그대로 남아있는 것이다. 인간이란 존재가 없어도 사랑, 우정, 분노와 같은 감정들이 존재하는 것과 마찬가지로 말이다. 그렇다. 사실 그 자체는 그대로 남아있는 것이다. 단지 그것을 볼 수 있는 사람이 한정적일 뿐이다.

여기에서 또 불편한 점이 하나가 생기는데 태양력을 기반으로 한 종교들이 자신들의 믿음을 조롱한다며 나를 인신공격했을 때에 떠오른 점인데 그들이 로마 제국에서 권력을 잡았을 때에 그리스 로마 신화를 믿는 자들을 조롱하고, 마녀사냥 시절에 죄가 없는 사람들을 학살하고, 지구의 공전에 대해서 논하던 갈릴레오 갈릴레이와 같은 수많은 지식인들을 박해하던 것은 전혀 떠오르지 않는 모양이다. 종교를 가질 자유가 있으면 종교를 가지지 않을 자유도 있는 법인데 종교를 가진 사람들은 후자에 대해서는 전혀 생각하지 않는 것 같다. 감정적인 대화로 번져서 미안하지만 남을 사랑하기 위해서 존재하는 종교가 남을 해치게 된 이유가 바로 자신들은 틀릴 수 없다는 엇나간 확신에서 비롯된 것이다. 자신들의 잘못에 대해서 문제점을 지적을 아예 못하게 했기 때문에 선한 종교인들 사이로 사이비들이 숨어들어서 이득을 취한 것이다. 과학의 사실 검증에 대한 관점은 21세기로 나아가고 있는 것에 비해서 종교의 사실 검증에 대한 관점은 아직 1세기에 머물러있다. 이는 중요한 문제이다. 인류의 지적 발전이 나날이 높아지고 있는데 그에 비해서 종교가 합리적인 대답을 내놓지 못한다는 건 스스로 마케팅을 못한다는 증거이다. 과학적인 답을 내놓지 못하고 감정적으로 대응하기만 한다면 종교의 근간이 흔들려서 다른 신화들처럼 사라져버릴지도 모른다. 이 얘기는 종교에만 국한되어있는 이야기가 아니다. 다단계, 전쟁주의, 순혈주의, 인종차별주의 등등... 세상에 해악을 가져다주는 믿음들도, 남의 믿음을 조롱하지 말아야 하기 때문에 문제점을 제기하지 말라는 건 말이 되지 않는다. 근본부터가 남을 이미 조롱하고 있는 이론들이면서 보호를 원하는 건 계속해서 남을 속이면서 부당이득을 취하겠다는 의도가 있다.

본래의 중점을 얘기하자면 진리를 추구하다 보면 언젠가는 진정한 진실과 마주하기 마련이고 기존에 잘못 알려진 상식들의 인과관계가 알려지게 된다. 또한, 지성인이 그 인과관계를 밝혀내는 일은 누군가를 다치게 할 작정으로 하는 일이 아니라는 말이다. 그런데 다수의 사람들을 보면 과학적으로 증명된 사실이 자신의 믿음과 상반되면 그걸 받아들이고 수정해서 대책을 세우기보다는 부정하는 데에 평생을 쏟아서 인류의 공익을 갉아 먹는 것만 같다. 이러한 행위는 인류의 지적 진화와 문명 선진화를 몇 세기나 퇴보시키는 행위이다. 인류의 지적 진화를 막는 행위는 크게 두 종류인데 진실을 탐구한 끝에 잘못된 인과관계를 마주한 지성인이 주변 환경을 두려워하거나 자신이 기존에 가지고 있던 가치와 상반될 경우에 자신의 의지를 꺾는 일과 잘못된 인과관계를 밝혀낸 지성인에 불만을 품고 탄압하는 행위가 있다. 전자와 같은 경우를 '지상 최대의 쇼'의 저자인 리처도 도킨스가 언급한 적이 있다. 그 책에서는 이미 훌륭한 지적 지능을 가진 한 과학자가 스스로 풀어낸 해답이 자신의 종교를 해친다고 판단하고는 그 뜻을 접었다고 안타까워했다.

후자의 경우에는 갈릴레오 갈릴레이의 예를 들 수 있다. 갈릴레오가 지구는 우주의 중심이 아니며 구의 형태로 회전한다고 주장했다가 그 당시에 다수의 사람들에게 비판받았던 일이 있다.

상식은 그 시대에 얽매인 지식이고 지구가 우주의 중심이었고 좌표가 고정되어있다는 이론은 갈릴레오에 의해서 잘못된 인과관계가 밝혀져서 지금의 상식은 '그래도 지구는 돈다'로 된 것이다. 만약에 갈릴레오가 다수의 사람들의 폭력이나 협박에 굴복했다면 '지구가 둥글다'는 사실을 알아내는 데에 수세기가 더 걸렸을지도 모른다. 최근의 카톨릭에 프란치스코 교황이 '진화론과 카톨릭 교회의 창조론을 모두 믿는 것이 가능하다'고 말했다. 프란치스코 교황과 직접 대화를 나눠본 적이 없어서 아직까지 그가 어떻게 신과 과학을 동시에 받아들이는 포용적인 사고를 가지고 있는지에 대해서는 모르나 그릇이 큰 사람임에 틀림이 없고 출발점이 비종교인의 과학적인 사실도 표용할 수 있다는 점에서 종교적인 마케팅 수완도 뛰어난 사람이라고 생각된다.

다시 본론으로 돌아와서 이처럼 내가 이러한 글들을 쓰는 이유는 다른 믿음을 가지고 있는 사람들을 괴롭히려고 쓰는 것이 아니다. 단지 내가 이질감과 불평등을 느끼고 연구하는 과정에서 떠오르는 생각이 그 사람들의 믿음과 다르기 때문이다. 그렇다. 그 사람의 생각이 틀렸다고 말하는 것보다는 다르다고 말하는 것이 분쟁의 여지가 적어지는 말이다. 이 얼마나 아름다운 말인가. 자칭 '묵자파 철학자'임을 주장하는 나에게 분쟁이 사라지는 것은 너무나도 행복한 일이다.

누구는 가을에 떨어지는 낙엽을 보면서 그것을 잔인하다고 여기고 또 어떤 이는 그것을 자연의 순리라고 생각하기도 한다. 내가 진리를 탐구하는 과정은 앞의 비유에서 후자에 가깝다. 여기에서 다른 예를 들어서 1920년대 프리드만과 르메트르가 제안한 빅뱅이론은 약 137억년 전에 우주가 폭발하면서 우주가 생겨났다고 주장했고, 유대교 기준을 기반으로 한 태양력 중점의 다수 종교들이 주장하는 창조론은 약 5775년(기원전 3761년 전)의 1월 1일에서 7일까지 총 7일 간에 천지창조가 일어났다고 주장한다.

여기에서 내가 의문점을 품은 것이다. 두 가지 이론이 주장하는 세상의 탄생 시기가 약 137억년이 넘게 차이가 나게 된다. 차이점은 이것 이외에도 더 있다. 지구에 처음으로 등장한 생물이 태고대인 약 38억년 전에 원핵생물(원핵의 세포로 이루어진 단세포성 생물인 남세균)인 것에 비해서 종교에서는 생물의 시작이 과일 나무, 바다물고기, 하늘의 새, 남자와 여자 순서이다. 과학을 다시 정리하자면 과학에서는 남세균, 쿡소니아, 이갑류, 설치류, 시조새, 오스트랄로피테쿠스 순으로 태어났다.

두 이론 간에 생명체의 창조 순서가 다르다는 것을 내가 알아낼 수 있었던 이유는 단지 두 가지 이론에 창조시기가 왜 137억년이 넘게 차이가 나는가에 대해서 정리하다가 우연히 나온 결과물이다. 다른 챕터에서도 말했지만 내가 종교보다 과학을 기준으로 순서를 나열하는 이유는 종교의 자료들은 종교인들만이 납득이 가능한 것들이고 과학의 자료들은 모든 인류가 보편적으로 납득이 가능하기 때문이다. 즉 내가 종교를 기준으로 두 개의 이론을 비교했다면 비종교인들이 납득할 수가 없기 때문이다. 그래서 모든 사람들이 보편적으로 납득이 가능한 과학의 자료들을 기준으로 삼았다.

● 신의 목소리는 어떠한가? ●

미드 '뉴스룸'에서는 신이 자신에게 대통령이 되라는 예언을 내렸다며 대선에 나간 정치인에 대한 정밀-반박 뉴스를 내기 위해서 회의를 하고 있었는데 그 일원 중에 하나인 메기가 던진 질문이 있다.

"신의 목소리가 어떤데?"

사람들이 메기를 비웃자, 그녀는 신의 목소리를 들었다는 자가 그의 목소리가 여자였는지, 남자였는지, 부드러웠는지, 사나웠는지에 대해서 당연히 알아야 한다고 했다. 이에 동료들이 말하기를 기독교인들이 그녀의 질문을 불쾌해할 것이라고 했다. 그러자 그녀는 화를 내면서 자신도 기독교인인데 우리들은 다 바보라고 생각하고 저런 말도 되지 않는 소리를 하면서 예언자 행세를 하는 것이 진정으로 불쾌한 일이라고 했다. 실제로 드라마와 같이 미국은 기독교인이 대다수를 이루며, 성인의 대다수가 천사가 실제로 있다고 믿는 국가이다. 이런 국가 내에서도 KKK, 맨슨 가족과 같은 사이비 종교로 골치를 썩고 있다.

뉴스룸에 나왔던 또 다른 말처럼 우리는 다른 종교인이 아니라 소시오패스들에 의해서 공격을 당하는 것이다. 이러한 행태는 묵자가 비판했던 유가와 통하는 부분인데 자신과 친한 사람을 더 위하는 마음이 이기심으로 변질되는 것이 종교 집단 내에서도 똑같이 적용되고 있다. 자신의 종교를 더 위하는 마음이 이기심을 초래해서 싸움이 끊이지가 않는 것이다. 우리나라도 미국 못지않게 기독교를 포함한 여러 종교에 굉장히 민감한 나라이지만 자신들의 내부로 들어오는 사이비들과 선동자들을 골라내지 못하고 있다. 왜냐하면 그들, 스스로 냉정한 질문을 하는 걸 금기시하기 때문이다.

　사이비들이 신을 봤다고 주장한다면 목소리와 외모는 어땠는지에 대해서 설명할 줄 알아야 한다. 사이비가 정신병에 걸린 사람일수도 있고 그냥 사기꾼일수도 있다. 그들은 단지 종교인들이 신을 신성하게 여긴다는 점을 악용하는 악인에 불과하다. 정말 신을 중요하게 여긴다면 더욱더 철저하게 종교 내부로 들어온 사이비를 골라내라. 부패한 정치인보다 더 위험한 것이 미친 사람의 말을 맹목적으로 따르는 것이다.

● 인간이 신성한 존재가 아닌 이유 ●

　　인간은 신성한 존재가 아니다(또한 우리 모두가 종교인도 아니다). 신성성이란 '신의 성질'이다. 우리는 현재 종교들이 믿고 있는 완전한 유일신보다는 서로 잘 다투는 그리스·로마 신화의 신들처럼 더 감정적인 성질을 가지고 있다. 물론 신이 있다는 명백한 증거도(성서는 종교인만이 납득하는 글), 신이 없다는 명백한 증거도 아직은 없다. 본론으로 돌아와서 만약에 인간, 스스로가 신성한 존재였다면 그것들과 거리가 먼 범죄와 전쟁이 전혀 없었어야 한다. 또한 시대를 막론하고 권력층이 권력을 계속 유지하기 위해서 피권력층을 억압하지 말았어야 한다. 게다가 인간이 신성한 존재였다면 모든 인간이 똑같이 지혜만을 갈구하고 탐구했을 것이다. 어떻게 하면 전쟁을 멈추거나 서로 해치지 않는 환경을 만들 수 있는지, 지구의 최초 생명체인 남세균을 만든 운석(약 38억년 전)은 어디로부터 왔으며 지구에서만 화학적 반응을 일으켜서 생명체의 탄생을 초래한 것인지, 우주의 대폭발(약 137억년 전)은 어떻게 생겨났는지, 우주의 대폭발로 원시 우주가 탄생한 것이 137억년 전인데 왜 우리가 사용하고 있는 태양력(고레고리력, 유대교 기준)의 천지창조는 왜 기원전 3761년 전(약 5775년 전, 2014년 기준)이며 이 두 가지의 이론 중에서 세상이 탄생되었다고 주장하는 시기가 약 137억년이 넘게 차이가 나는지, 블랙홀 안의 특이점은 어떠한 모습일지, 이 방대한 우주가 팽창하는 걸 계속해서 받아들이고 있는 여백의 공간은 어느 정도로 큰지에 대해서 집중하고 살았을 것이다. 그러나 그런 원대한 진리를 탐구하는 사람은 소수이다. 진리를 탐구하다보면 먼 곳만 보지 말고 세상살이나 잘살라고 비웃는 사람들이 많은

걸 보면 인간은 신성성과 거리가 멀다. 어쩌면 아직 문명선진화를
받아들이기에는 인간이 덜 발전한 걸지도 모른다.

● 세상의 진정한 문명화가 이루어지려면... ●

세상에 진정한 문명화가 이루어지려면 법이 없어도 살 사람들이 법이 있어도 범죄를 저지를 사람으로부터 안전하게 살 수 있을 만큼만 법이 강해야 한다. 법이 '사전예방'이 아닌 '사전경고'와 '사후조치'의 역할을 하기 때문에 범죄가 일어나는 것 자체를 막을 수 없다. 그러므로 법이 약해지면 범죄자들이 사법기관이 내리는 사전경고와 사후조치를 우습게 알아서 범죄가 더 만연해지는 것을 막을 수 없게 되기 때문에 법이 무서워야 하는 것이다.

법이 강화가 되려면 사법과 정치를 다루는 자들부터 스스로의 범죄에 대한 책임을 져야 하고 범죄를 저지른 자가 다시 사법과 정치를 다루지 못하도록 해야 되는 것이 당연하나 현대 사회는 그것이 불가능하게 보인다. 그리고 공직자와 기업은 연금과 기금 그리고 세금과 기부 등으로 모아진 공공의 돈을 우습게 여겨서 자신의 용돈으로 쓰거나 대충 만든 계획에 낭비되지 않게 해야 한다. 친하고 말고를 떠나 사실 관계에 옳고 그름만을 따져서 문제를 해결해야 되고 문제를 해결하는 데에 직책이나 학벌로 울타리를 만들지 말고 문제를 해결할 줄 아는 자에게 문제를 맡겨야 하며 아랫사람이 윗사람을 공경하는 만큼 윗사람도 아랫사람을 공경해야 되고 지식의 교육뿐만이 아니라 인성의 교육에도 힘을 써야 한다.

사회가 젊은 남녀들로 하여금 돈과 학벌로 사랑을 설계하도록 동조하지 말고 사랑하는 사람을 제대로 존중하면서 사랑하는 법을 가르쳐야하며 집착이나 상처만 남기는 변질된 사랑이 되지 않는다. 또한 사랑했던 순간을 아름답게 만드는 법을 어른들이 젊은이들에게 알려줘야 하며 부모들은 돈이 중요하긴 하지만 인생의 모든 가치가 돈 뿐만이 아니라는 걸 자식에게 알려줘야 권력을 가지고 있는 악한들에게 휘둘리지 않게 되어 청춘과 인생을 낭비하지 않게 된다. 자신이 알고 있는 분야만 최고라고 여기거나 자신이 알고 있는 걸 모른다고 무시하는 조선 시대 사대부적인 마인드를 가지고 있는 현학자들은 언제나 자만심과 얕은 실력 때문에 사람들에게 잘못된 가치관을 심어줄 위험성이 높기 때문에 경계해야 하며 자랑이나 학벌을 나누기 위한 허세용 지식이 아니라 사회에 진정한 도움이 될 실용적인 지식을 가르쳐야 한다. 남을 함부로 무시하거나 욕을 할 권리 따윈 그 누구도 가지고 태어나지 않았음을 알아야 하며 충성이란 단어 하나로 모든 잘못을 덮어버리고 또 이 충성이란 단어를 수호 전쟁이 아닌 침략 전쟁에 쓰지 말아야 하고 정권의 정치적인 실패를 주변 국가와의 분쟁으로 시선을 돌려서 책임을 회피하지 말아야 하며 자신이 힘이 더 세다고 해서 남을 폭행하거나 범하지 말아야 하고 사랑의 관계에서 한쪽의 의사가 우세한 '치우친 사랑'이 아닌 양쪽이 평등한 사랑을 해야만 하며 자신의 가치를 남에게 강요하지 말아야 한다. 또한 싸움에서 이기려고 거짓말로 사람들을 현혹해서 선한 사람을 모욕하지 말아야 한다. 마지막으로 이미 잘못을 저지른 삶이라고 잘못을 부추길 것이 아니라 하나라도 덜 실수하고 잘못한 일을 인정하고 책임지는 자세를 모두가 가져야만 세상에 진정한 문명화가 이루어질 수 있다.

사람들은 나에게 이상주의자라고 말한다. 하지만 나는 엄연히 따지면 현실주의자이다. 좋지 못한 현실을 나아지게 하려면 미래에 대한 비전을 세워야 하고 그에 따른 노력을 해야 한다. 그런 면에서 나는 자신의 삶은 망했다고 하면서 자기계발을 포기한 사람들보다는 나은 셈이다. 왜냐하면 그들이 지나간 영광만 뜯어먹고 있는 것에 비해서 나는 죽을 때까지 스스로의 부족함을 인정하려고 들고 하나라도 더 배우려고 하기 때문이다. 나의 유일한 장점은 무언가를 해야겠다고 생각이 들면 일단 빠른 시일 내로 도전해서 첫 결과물에 대한 부끄러움을 잘 이겨낸다는 점이다. 그로 인해서 그 분야에 대한 기초를 세워놓게 되고 어떻게 연습을 해야지 실제로 실력이 상승하는지에 대해서 연구한다. 비록 한 우물을 파는 장인들보다 못난 실력이지만 배움을 멈추는 사람보다는 나은 사람이 된다. 이 이야기의 핵심은 내가 남들보다 잘났다고 얘기하는 것이 아니라 그만 자학하면서 과거의 영광들만 돌이켜서 보지 말고 미래의 영광을 만들어내라는 말이다. 생각을 해보라, 대학을 졸업하거나 회사를 입사하고 나서 자기계발을 멈추는 것은 인생의 삼십 년만 노력한 사람이 되는 것이고, 이전의 삶이 어떻든 간에 그 이후부터라도 노력한 사람은 칠십 년만큼 노력한 사람이 되는 것이다.

● 후천적인 지능은 개선될 수 있다 ●

우리나라 사회에서 가장 인정을 받는 지수 중에 하나는 지적 능력이다. 이걸 특정 단체가 측정한 점수가 바로 지능 지수인 IQ이다. 여담으로 말하자면 내가 초등학교 시절 때에 공부가 너무 싫어서 모든 시험을 다 찍었는데 그 시험 중에 IQ테스트도 있었던 것 같다. 다 풀지 않고 냈던 시험지로 인해서 양호실에 불려가서 마저 다 풀라는 말에 그대로 또 찍어버리고 나왔을 때에 감독관의 황당한 표정이 다시 떠오른다.

다행인 점은 내가 나의 IQ를 모르기 때문에 스스로의 한계를 정하지 않게 되었다는 것이다. 이는 중요하다. 인간은 고정관념에서부터 자유롭지 못하지만 만약에 아직까지 내가 스스로를 그 IQ정도의 사람으로 생각했다면 지금 이런 책도 집필하지 못했을 것이다. 본론으로 돌아와서 내가 존경하는 리처드 니스벳이 쓴 '인텔리전스'라는 책을 보면 수많은 사람들이 생각하는 것과는 다르게 인간의 지능은 후천적으로 개선될 수 있다고 했다.

나는 리처드가 주장한 후천적 지능 향상 이론에다가 '스피노자의 정신'에게서 배운 냉철한 비판 사고를 더했더니 몇 가지의 궁금한 점이 생겼다. IQ는 제대로 지능을 평가할 수 있는 지표인가? 내가 컨디션이 좋지 못할 때와 좋을 때의 IQ는 차이가 나지 않을까? 만약에 그렇다면 술과 마약 그리고 잠에 취하거나 그와 반대로 상태가 정상적일 적에 IQ는 얼마나 차이가 날 것이고, 머리에 종양이 생기거나 치매가 왔을 때에 IQ와 정상 상태의 IQ는 얼마나 차이가 날까? 한정된 시험의 시간보다 더 많은 시간이 주어진다면 내가 더 많은 문제를 풀어서 성적이 향상될 수 있지 않을까? 또 실제의 지능 지수는 높은데 시험에 긴장을 많이 했거나 다른 중대한 고민이 생겨서 시험을 제대로 치루지 못했다거나 아니면 나처럼 문제를 찍어서 점수에 영향을 미쳤는지를 따져보면 나라는 사람의 '지능 지수(intelligence quotient)'는 고정된 것이 아니라 자신의 노력에 의해서 충분히 개선될 수 있다고 믿는다. 또 지능 지수 검사의 문제를 반복적으로 풀어서 패턴을 익혔다거나 시험 직전에 벼락치기로 시사나 지식 용어를 습득한 경우에는 나의 지능이 몇 점이나 올라갈까라는 의문점이 생긴다.

나는 분명히 선천적인 지능은 높지 않은 사람이지만 철학적인 자세를 통해서 후천적인 지능이 많이 향상되었다고 자부할 수 있다. 우선 난 스스로 불완전하다고 받아들였기 때문에 언제나 틀릴 수 있다는 것을 자존심과는 별개로 인지하고 있으며 세상에는 아직도 배울 것이 너무나도 많다는 점 그리고 남들이 되지 않는다고 할 적에 실천하는 행동력이 존재하기에 나는 항상 1분 전보다 나은 사람이 될 수 있다고 자신을 기만하면서 발전하는 사람이다.

● 지능을 어떻게 하면 개선시킬 수 있을까? ●

1) 고찰만으로도 지능이 개선된다

개인적으로 독서가 아니더라도 고찰만으로도 지능이 개선된다고 생각한다. 이해의 깊이가 깊은 사람이 지능이 높은 사람이며 지혜를 사랑하는 철학적인 사고방식으로 남이 하지 않는 고민을 생각함으로써 지능을 개선할 수 있다고 믿고 현재 나는 이 방식을 통해서 지능을 개선하려고 노력하고 있다. 예를 들어서 A와 B가 싸우면 둘 중에 누구와 더 친한지나 누가 더 힘이 강한가를 재지 않고 순수하게 A가 잘하고 잘못한 점과 B가 잘하고 잘못한 점을 따로따로 구분하려는 사고방식을 갖추면 보다 사실을 볼 줄 아는 힘이 생긴다. 물론 정확한 수치로 잘잘못을 나눌 수는 없더라도 말이다.

2) 형편없는 내 실력에도 주저하지 않는 힘을 갖자

나는 남에게 영향을 잘 받는다. 남이 잘하는데 내가 그걸 못하면 '와, 잘한다'에서 끝나지 않고 '저 사람도 하는데 나라고 못할 법이 어디에 있어?', '저 사람은 어떤 방식으로 그 분야를 이해하길래 저렇게 잘할까?', '저 사람이 하는 행동과 생각을 관찰하고 나도 노력한다면 충분히 저 사람의 장점만 가질 수 있지 않을까?'라는 생각을 가지고 무작정 도전한다. 중요한 것은 나의 형편없고 초라한 첫 결과물이 아니라 남들이 낙담하거나 도전을 포기할 때에 나는 도전이라도 한다는 점이다. 물론 처음부터 깊게 파지는 않지만 언제라도 심화과정에 들어갈 수 있도록 기초를 닦아서 길을 미리 만들어 놓는다. 단지 그 뿐이다. 새롭게 도전한 분야에서 나온 형편없는 결과물에 좌절하지 않고 계속 연마해서 조금이라도 나아지는 것 그리고 계속해서 새로운 걸 도전하면서 이미 길을 닦아놓은 기술들을 심화시키려는 사고방식이 나를 더 특별한 사람으로 만드는 비결이다.

● 철학을 우리가 배워야 하는 이유 ●

　　철학을 우리가 배워야 하는 이유는 철학이 지혜를 사랑하는 일이고 자신의 그릇을 키울 수 있기 때문이고 어떠한 문제가 생겨났을 적이나 중요한 안건을 진행할 때에 이것이 정말로 문제가 없는지에 대해서 현명하게 되새겨보는 힘을 기를 수 있기 때문이다. 어떤 사람들은 자신의 지식을 수량화시키고 가식화시키며 자신의 한계를 적게는 두 자리에서 많게는 세 자리의 숫자 안에 가둔다. 서로 다른 사람이 한 시간 분량의 교육으로 같은 개념을 익힌다면 그 사람의 지능이 똑같을 수 있을까?

　　이러한 생각이라면 그 사람의 신체나 정신 상태에 따라서도 시간의 경과에 따라 지능이 다를 수도 있다. 리처드 니스벳이 '인텔리전스'에서 말한 것처럼 인간은 후천적 지능을 향상시킬 수 있다고 얘기했다. 내 생각에는 그 지능을 높일 수 있는 것이 바로 철학이자 지혜이며 후천적인 지능은 그 사람이 뇌사 상태가 되지 않는 한 죽기 직전까지 발전할 수 있다.

　　모든 인간의 수명이 백 년이고 성인 교육과정이 삼십 년이라는 가정을 들어보자. 이러한 전제하에 고정관념에 얽혀서 학교를 졸업함과 동시에 서른 살에 둔 자는 초기 삼십 년을 버렸더라도 칠십 년 간 성장할 수 있는 자이며 나는 그중에 후자에 속한 자이므로 남들이 거만함에 성장을 멈추었을 때에 나는 칠십년간 노력할 것이기 때문에 과거의 영광에서 갇혀 지내느라 초기 교육 삼십 년 이후에 아무런 노력을 하지 않고 성장이 멈춰있는 자들을 이겨낼 수 있다고 생각하며 그렇기에 난 거만해지는 동시에 겸손해질 수 있고 남들이 보지 못하고 생각해내지 못한 것들을 떠올릴 수 있게 되었다.

　이 모든 것이 철학의 힘이다. 꼭 전공 서적을 탐독하고 몇 년도에 누가 태어나고 무슨 서적을 썼는지가 중요한 것은 아니라고 생각한다. 그런 건 기록으로 남기면 그만이니까. 중요한 것은 남들은 풀지 못하는 사회의 문제를 회의적인 관점으로 냉철하게 판단해서 사회가 이기적이거나 멍청하거나 사악한 자들에게 놀아나지 않도록 문제점을 제기해서 다수가 조금 더 냉정한 생각을 갖게 만들어서 문제를 깨닫도록 해주는 행위만 할 수 있어도 그 누구나 철학자가 될 수 있다.

　특정 분야의 문제라고 해서 특정 분야의 자격증이 있는 사람이 문제를 해결하도록 두어야 하는 것이 아니라 문제를 해결할 방법을 아는 그 누구라도 문제를 해결할 수 있도록 해야 한다. '문제를 해결하기 위해서 배우는 것이 지식'이지 '문제를 해결할 권한을 제한하기 위해서 배우는 것이 지식'이 아닌 것처럼 말이다. 만약에 후자처럼 지식을 계급을 나누기 위한 수단으로 사용하는 집단만 남아있다면 그들이 문제를 해결하는 데에 오히려 방해가 될 수 있다. 문제를 해결할 능력도 없는데 그들에게 세습화된 사회적 위치와 쓸데없는 자존심만 남았기 때문이다.

91

● 페르소나 : 자신에 대한 이해도를 높이기 ●

'페르소나'란 고대 시절의 배우들이 쓰던 가면으로 진정한 자신과는 다르게 다른 사람에게 투사된 자신의 모습을 말한다. 한마디로 '특정의 대상에게 보여지기를 원하는 모습'을 말한다. 내가 초등학교 시절에 나에게 착하게 대해주는 사람에게 화를 내고, 나를 괴롭히던 사람에게는 화를 한 번도 내보지도 못했었다. 그 모습에 나는 스스로를 한심한 사람이라고 여기는 동시에 심한 괴리감을 느꼈다. 내가 이중적인 괴물 같았다. 그렇게 살아가면서 나는 '내가 정신분열증이라도 앓고 있나'라는 고민으로 나날이 고통스러워했었다. 그러던 도중에 2008년도 경에 우연히 정신분석학자인 '칼 구스타프 융'의 페르소나라는 개념을 듣게 되었고 나 자신에 대해서 오래 고민한 끝에 스스로에 대해서 이해할 수가 있었다. 처음에는 나의 착한 모습, 나쁜 모습, 정의로운 모습, 비열한 모습 등등… 수많은 나의 모습을 분리해낼 수가 없어서 굉장히 분석해내기가 어려웠는데 나중에 시간이 지나고 보니까 단지 내가 사람에 따라서 하는 행동이 달랐던 것일 뿐이었다. 원래의 예에서는 내가 아는 모든 대인관계의 사람을 넣어서 그 사람마다의 페르소나를 적어주려고 했으나 귀찮은 관계로 생략하겠다. 결론은 나라는 사람은 이중적인 사람이 아니라 만나는 사람과 처해진 상황마다 달라지는 모습들이 다 다르고 그 모습들의 전부가 다 내 페르소나이자 나 자신인 것이니 혼란스러워하거나 자괴감을 느끼지 않기를 바란다. 나의 좋은 면과 나쁜 면을 모두 받아들이자.

예) 나의 페르소나들

대상	페르소나
진정한 나, 자신	모든 페르소나의 교집합, 모든 걸 지닌 인격
사랑하는 사람	무한하게 지켜주고 싶은 인격
싫어하는 사람	싸워놓고도 미안함을 느끼면서 아닌 척하는 인격
모르는 사람(과거)	모두에게 친절하려고 하는 인격
모르는 사람(현재)	모두에게 친절하기를 포기한 싸가지가 없는 인격

● 내 인생은 항상 늦지 않았다 ●

세상살이가 힘이 들어서인지 사람들을 만나면 불평을 많이 한다. 나도 한 불평하는 '투덜이'이지만 다른 투덜이를 만나면 희망의 전도사로 변신한다. 내 안의 부정에 타인의 부정을 더했더니 강한 긍정이 되는 순간이다. 타인이 불평하는 순간에 나는 상대가 최대한 긍정적으로 바뀔 수 있도록 설득하지만 그럴 때마다 현실은 현실이라는 반응으로 자신의 인생은 구제받을 수 없는 것처럼 아래와 같이 말한다.

(아래의 예시에서는 명문대생과 대기업 종사자를 비하하는 것이 아니리 오히려 그 안에 들지 못해 괴로워하는 사람들에게 자괴감을 가지 말라는 뜻으로 쓴 것임을 미리 알려드립니다. 또한 제 글에서 비난하고 있는 권력층과 기득권층은 모두를 지칭한 것이 아니라 부패한 사람들만 얘기하는 겁니다.)

'명문대를 못가서 내 인생은 망했어.'

'대기업을 다니지 않으니까 내 인생은 망했어.'

'가진 집도 돈도 없어.'

'내 인생은 나아지지 않아.'

물론 위의 한탄들이 틀린 말은 아니다. 현실의 인식은 사회를 살아나가는 데에 필요한 요소 중의 하나이다. 그런데 문제는 이

현실주의에 모순이 있다는 점이다. 바로 불평만 하는 행위가 비현실적이다. 현실이 힘들다는 건 문제를 인식한 것이다. 문제를 인식했다면 문제점을 고치려는 행동을 해야 하는 것이 현실에 도움이 되는 건 당연하다. 그런데 문제점을 인식해놓고 불평만 하면서 현실이 개선되기를 원하니 이것이야말로 비현실적이자 비합리적인 일이라고 말할 수 있다. 내가 수입이 적은 것에 대해서 불평을 하면 내 월급이 올라가는가? 아니면 나의 미래가 나아지지 않는 것에 대해서 한탄하면 내 사회적 지위가 올라가는가? 아니다. 불평만 하는 행위는 실제 생활에 아무 것도 도움이 되지 않는다. 현실에 대한 인식은 현실적으로 바라보고 있을지는 몰라도 못난 현실에 대한 개선 의지는 비현실적이다. 현실을 개선시키려면 무언가 나아지려는 행동을 해야 한다. 그래야 인생이 풀리지 않는 것을 조금이라도 낫게 함으로써 스트레스를 받지 않게 되고 실제로 행동을 했으니 인생이 조금은 나아지게 된다.

현실의 문제점이 돈이라면 돈을 얼마를 모아야 하는지 왜 그만큼 모아야 하는지에 대해서 스스로 반문할 수 있어야 하고 내가 무턱대고 남들이 가진 만큼 돈을 모으려고 사는 것은 아닌지 깨달아야 인생의 주체를 돈에게 뺏기지 않고 살아갈 수 있다. 꿈이 있으면 돈이 없어도 살아갈 수 있는 사람이 있고, 돈이 있으면 꿈이 없어도 살아갈 수 있는 사람이 있는데 - 이 두 가지의 타입 중에 자신이 어디에 속해 있는지를 깨달아야 한다. 그래야 자신이 전자이든지 후자이든지 간에 상반대의 타입에게 인생을 강요당해도 흔들리지 않을 수 있다. 이것은 중요한 것이다. 자신이 어느 타입인지를 깨닫고 자신의 진정한 욕구(needs)를 충족시켜야 한다.

필자가 생각했을 때에 우리나라 사회에서 가장 자신의 비전을 실현하기 힘든 이유 첫 번째는 '남이 내 인생에 너무 참견과 간섭을 많이 한다는 것'이다. 타인의 인생에 간섭을 많이 하는 나라는 대부분 공동체 생활을 중요시 여기는 국가들이 대부분이다. 공동체의 구성원들로부터 서로 상부상조하는 등의 장점을 얻을 수는 있지만 반대로 우리는 기존의 관점과 다른 새로운 시도에 대해서 비관적이며 공동체가 중요하게 여기는 직종을 추천하고 심한 경우에는 강요한다. 한 개인이 중요시하는 일을 등한시여기는 행위이다. 운이 좋게 자신이 꿈꾸는 인생이 공동체 사회에서 가장 이상적으로 여기는 직종일 경우에는 다른 구성원들의 반대에 스트레스를 받을 일이 없지만 이와 반대로 공동체 사회에서 별로 가치가 없다고 생각하는 직종을 자신의 인생으로 삼으려는 사람은 다른 구성원들이 끊임없는 간섭으로 성공에 이르기 전까지 스트레스를 받아야 한다.

후자처럼 공동체 사회에서 별로 가치가 없다고 맹목적으로 등한시되는 직업을 선택했을 경우에 다른 구성원들이 가장 많이 하는 간섭은 1퍼센트의 인생을 살라는 것이다. 그런 직업을 선택하면 1퍼센트가 될 수 없다는 것이다. 그런데 여기에서 또 모순이 생긴다. 나의 삶이 1퍼센트가 되어야 한다고 지적하는 사람이 일단 1퍼센트의 사람이 아니며 1퍼센트가 될 수 있는 사람의 수는 이미 정해져 있는데 나보고 어떻게 1퍼센트의 사람이 되라고 주장할 수 있느냐는 말이다. 그리고 세상은 항상 1퍼센트의 사람과 99퍼센트의 사람으로 인위적인 계급을 분류해왔다. 그것을 판가름하는 기준이 종교이냐, 가문이냐, 유전자이냐, 민족이냐, 재능이냐, 지식이냐, 재력이냐, 사회적 지위이냐에 따라서 달랐을 뿐이다. 여기에서 발생하는 문제는 세상의 모든 기준이 1퍼센트에만 맞춰져 있다는 점이다. 나머지 99퍼센트의 사람들도 맹목적으로 1퍼센트의 사람들에 기준을 가지고 세상의 가치를 평가하면서 99퍼센트의 삶을 비난하는 아이러니한 상황이 발생한 것이다. 이는 99퍼센트의 사람들이 바로 잡아야 할 '자충수'이다. 언제부터 우리는 99퍼센트의 삶을 쓸모가 없다고 생각하게 되었을까? 누가 마치 세뇌시킨 것 마냥 말이다. 이런 맹목적인 태도로 모든 사람이 인생을 살게 되면 평생 1퍼센트의 사람들에게 휘둘리면서 살게 될 것이다. 여기에서 또 한 가지의 모순이 발생하는데 사람들이 되라는 1퍼센트는 이미 기득권이 형성된 곳이라는 점에만 한해서 얘기한다는 점이다. 이게 무슨 말인가 하면 전혀 새로운 시장을 형성해서 새로운 기득권이 될 생각은 못하고 있다는 소리다.

예를 들자면 1퍼센트의 재력을 가진 자는 사회를 재력으로만 판가름했을 때에 1퍼센트가 될 수 있는 것이지 재력이 1퍼센트가 된다고 해서 그 사람이 1퍼센트의 지식인이나 1퍼센트의 재능을 가진 사람이 될 수는 없다. 이 말은 1퍼센트의 사람도 관점만 바꾸면 다른 분야에서는 99퍼센트인 사람이다. 이 예를 바탕으로 이론을 심화시키고 내 관점만 바꿔서 노력만 한다면 나도 1퍼센트의 사람이 될 수 있다. 경영학도의 관점으로 생각해보면 이것도 시장인 것이다. 새로운 시장을 개척하고 여기에 먼저 뛰어들어서 내가 1퍼센트의 사람이 되면 된다. 나라는 사람은 이상적인 개념으로 봤을 때에 창의적이거나 인격적인 시장의 1퍼센트가 될 수 있고 현실적인 개념으로 봤을 때에 새로운 컨텐츠 플랫폼 시장의 1퍼센트의 사람이 될 수도 있는 것이다. 관점만 바꾸면 나도 1퍼센트의 사람이 될 수 있다. 이쯤에서 가장 중요한 점은 내가 굳이 1퍼센트가 되지 않아도 행복한 사람이라면 스트레스를 받으면서까지 1퍼센트로 진입할 필요가 없다.

우리는 모두 서로에게 하는 간섭으로부터 자유로워질 필요성이 있다. 두 번째로 사람이 자신이 원하는 삶을 살 수 없는 이유 중의 태반이 부모의 반대 때문인데 이는 유교 문화나 이슬람

문화에서 두드러진다. 이들 사회권에서는 부모가 자식을 또 하나의 인격체로 인식하는 것이 아니라 공동체의 일원으로 인식하기 때문에 부모가 자식의 인생에 끊임없이 간섭하는 것이다.

운이 좋게도 자식에게 꿈이 없거나, 부모가 간섭을 하지 않거나, 부모가 원하는 직종이 자식의 꿈일 경우에는 자식들이 부모에게로부터 스트레스를 받지 않고 살아갈 수 있지만 이와 반대로 자식이 원하는 인생이 부모가 원하는 것과 다를 경우에는 자식은 자신의 인생을 살 수가 없어서 끊임없이 고통을 받게 된다. 자식이 자식의 인생을 사는 것과 부모에게 효도하는 것이 전혀 다른 일인데도 불구하고 여전히 많은 인간 사회에서 다수의 부모들이 자식들에게 그들이 원하는 인생을 살 것을 강요하고 이를 어기면 불효인 것처럼 여기게 만들어서 자식들에게 큰 고통을 주고 있다. 유럽의 사고방식처럼 부모가 자식과 인연이 닿아서 만나게 되었다는 사고방식이 우리 사회에도 자리를 잡아야지 수많은 자식들이 고통을 받지 않고 살아가야 한다.

마지막으로 세 번째는 우리나라 사회의 모든 성공의 기준이 삼십대 이전에 끝나는 것처럼 고정관념이 박혀있기 때문에 대부분의 사람들이 삼십대가 지나면 더 이상의 도전을 포기하고 살아간다는 점이다. 이게 무슨 말인가 하면 우리나라 사회는 성공의 기준이 특정 직업에만 맹목적으로 끼워 맞춰져 있으며 이 직업을 가지려면 학벌과 재력 그리고 지식력과 인맥력 중에 하나를 가지고 있어야 한다는 점이다. 지식력을 제외하고는 학벌과 재력 그리고 인맥력은 기득권이 아닌 사람이 가지기도 힘들고 삼십대의 비기득권층의 사람이 스스로 일구어내기도 힘들다는 점이다. 한마디로 우리나라 사회에서 기득권을 일정 부분 가지고 있어야지 성공에 가까워질 수 있다는 점이다. 이 부분에서의 문제점은 기득권과 비기득권 등 모두가 기득권의 사고방식을 가지고 있다는 점이다. 기득권이라면 몰라도 비기득권까지 기득권적인 사고방식으로 성공하려고 하니까 인생이 불행한 것이다. 관점을 바꾸어서 자신의 장점을 파악하고 다른 돌파구를 찾아야 한다. 이쯤이 되면 우리 모두가 과잉적으로 지배계층을 옹호하는 사고방식에서 벗어나야 하지 않을까? 성공의 기준이 왜 특정 분야에만 얽매여 있느냐 말이다.

누군가 나에게 현실과 동떨어진 말을 하지 말라고 한다면 나는 그 사람에게 불평만 하지 말고 좀 묵묵히 노력이라도 하라고 조언해주고 싶다. 왜 우리나라가 공산주의도 아닌데 목표가 대기업의 사원으로 통일이 되어 있을까? 그리고 사원보다 더 대단한 창업가가 되는 생각은 꿈을 꾸기가 두려워 진 것일까? 마지막으로 한 번 더 왜 우리는 이미 대단한 사람들을 더 대단하게 만들어주려고 인생을 허비할까? 자신의 인생을 대단하게 만들려고 생각이라도 해볼 수 있지는 않을까? 다방면으로 성공한 사람들의 기사나 책을 읽다보면 우리가 생각하는 것과는 다르게 사회에서 인정받는 사람들이 늦은 나이에 성공했다는 것을 알 수 있다. 우리의 젊은이들이 삼십대 이전에 인생이 끝난 시체들처럼 살지 말고 아직 남은 70년의 인생동안에 새로운 도전으로 전혀 새로운 1퍼센트의 인재가 되었으면 좋겠다.

5장
고찰

고찰은 어떤 것을 깊이 생각하고 연구하는 것이다. 이런 의미로만 본다면 철학의 회의적 관점과 같다. 원래 고찰을 철학 쪽에다가 편입시키려다가 따로 분리를 시킨 이유는 고찰의 주된 내용이 비판이기 때문이다. 뭐, 철학도 비판의 내용이 꽤 되지만 고찰은 완전히 비판에 가까운 글이다. 힘이 있는 사람들이 듣기 싫어하는 말이 꽤 있고 소위 스스로를 엘리트라고 여기는 사람들에게는 굉장히 불쾌한 글이 될 수도 있다. 이 글을 시작하기 전에 미리 말하자면 **절대로 특정의 사람들이 전부 썩었다고 지적하는 게 아니라는 것이다.** 나는 당연하게 특정의 조직이나 특정의 지위에 속해있는 사람 중에 '부패한 사람'만 비난하는데 자신도 모르게 글을 쓸 때에 구분을 짓지 않아서 많은 사람들과 인터넷으로 싸워야 했다. 핵심을 말하자면 나는 이 글에서 언급된 특정 조직과 지위의 사람들을 모두 비난하려는 것이 아닌 그중에서 부패한 사람들만 비판하는 것이다.

● 세상의 사람들은 정말로 다 착할까? ●

　한국의 지존파 사건과 미국 맨슨 가족 그리고 중세시대의 마녀사냥 등등... 다수의 이름하에 행해지던 범죄가 덜미를 잡혔을 경우에 그 사람들의 인터뷰를 들어보면 정말 자신들의 잘못을 인지하지 못하는 것만 같다. 그렇게 끔찍하게 타인을 괴롭혀놓고 왜 잘못을 모르는지에 대해서 곰곰이 생각해보니 그 집단은 그 특정 범죄를 잘못으로 인식하지 못한 것이었다. 집단이라는 것은 서로의 성향이 맞는 사람들끼리 모이거나 그 모임에 섞이다보면 자연스레 서로에게 영향을 받게 된다. 물론 그중에는 잘못되었다고 인지한 사람도 있을 수 있지만 본론으로 돌아가서 얘기하자면 자신이 속해있는 집단의 사람들은 다 착하다고 판단해서 그 사람들이 하는 행동은 다 착한 행동이라고 인식하는 것이다. 자신에게 잘해주는 일과 범죄는 전혀 다른 일인데 그것을 겹쳐서 생각하게 되는 바람에 자신의 집단이 무슨 잘못을 저지르는지에 대해서 인식을 하지 못하게 된다. 세상에는 좋은 사람들이 많다. 하지만 모든 사람이 착하지는 않다.

101

● 혈액형별 성격 유형에 대한 고찰 ●

어느 시대이든 간에 미신을 믿는 사람들은 많고, 과거의 미신이 허구로 밝혀져서 사라지기도 하고, 많은 것들이 밝혀졌음에도 몇몇의 어긋난 미신을 믿는 사람이 있다. 심지어는 새로운 미신이 생겨나는데 그것이 바로 혈액형별 성격에 대한 것이라고 할 수 있겠다. 미신의 사전적인 뜻은 '비과학적이고 종교적으로 망령되다고 판단되는 신앙'이다. 그리고 비과학적이라는 것은 어떤 존재에 대한 객관적이고, 실제적이며, 명확한 근거가 없다는 것을 의미한다. 그렇다면 왜 필자는 혈액형별 성격 유형이 왜 비과학적이라고 생각할까?

첫째, 유형별 성격 묘사가 중구난방이며, 작성자는 누구든지 될 수 있다. '중구난방이라 함'은 '한 사람이 아닌 여러 사람이 동시에 떠들어대는 형상'을 말하는데 혈액형에 대한 성격 묘사가 작성자마다 전부 다르다는 것이다. 예를 들어서 어떤 작성자는 B형에 대해서 화만 내는 성격으로 묘사하다가도, 또 다른 작성자는 'B형이 의외로 화를 잘 내지 못한다'라고 묘사하기도 한다. 위의 말을 증거로 지금 당장 검색창에 '혈액형별 성격'을 검색하면 무수한 이미지들과 글들이 나타날 것이다. 원래 특정 주제에 대해서 '데이터 마이닝(어떤 주제에 대해서 데이터를 수집하고 그 데이터 간에 유효상관관계를 찾아내는 일)을 하면 공통적으로 일치하거나 교차되는 정보가 드러나기 마련인데 혈액형별 성격에 대한 정보를 모으면 모을수록 정보가 일치하는 것이 점점 더 없어지고, 교차에서 멀어져가는 동시에 주제가 더 산만해지며 범위가 더욱더 커져간다. 자료가 점점 산만해지는 이유는 작성자의 수가 너무나도 많기 때문에 초등학생부터 직장인이 될 수도 있고, 여성에서 남성, 저학력자에서 고학력자에 구애받지 않고 누구나 자신이 알고 있는 혈액형의 사람들에 대한 인상을 묘사한 것에 지나지 않기 때문이다. 그렇기 때문에 설득력이 떨어진다. 사공이 많은 배가 산으로 가듯이 시간이 흐르면 흐를수록 이 이론의 신빙성이 흐려지는 것이다. 둘째, 인간이라면 누구나 한 번쯤 해봤을 법한 행동을 무작위로 작성한 후에 작성자마다 임의대로 섞어놓았다. 기존의 혈액형별 성격 유형의 예(아래의 표는 작성자가 이 자리에서 8분 만에 만들어낸 이론임).

1) A형 : 소심하고 배려심이 많다	**2) B형 : 직설적이고, 개방적이다**
* 농담에 억지로 웃어준다. (상대방이 상처를 입을까 봐서 소심한 마음에) * 마음을 잘 열지 못한다. (자신의 마음을 알렸다가 상처를 받을까봐) * 감정 표현을 잘못한다. (소심하기 때문에) * 과소비적인 성향이 없다. (소심해서 과소비를 하지 못한다.) * 사랑 고백을 하지 못한다. (소심해서 거절받을까 걱정하며 못한다.)	* 농담에 억지로 웃지 않는다. (정말로 재미가 없기 때문이다.) * 마음을 잘 연다. (직설적이기 때문이다.) * 감정 표현을 잘한다. (개방적이기 때문이다.) * 과소비적인 성향이 있다. (대담하기 때문이다.) * 사랑 고백을 잘한다. (직설적이고, 대담하기 때문이다.)
3) AB형 : 천재가 아니면 광인이다	**4) O형 : 외향적이고, 사람을 좋아한다**
* 농담에 억지로 웃지 않는다. (재미도 없고, 사실에 맞지 않기 때문이다.) * 마음을 잘 열지 못한다. (자신의 세계관을 사람들이 이해못해줄까봐) * 감정 표현을 잘못한다 (표현을 하는데 남들이 이해를 하지 못한다.) * 과소비적인 성향이 없다. (계획에 따라서 움직이는 걸 좋아하기 때문에) * 사랑 고백을 하지 못한다. (자신이 생각하는 것만큼 표현을 못한다.)	* 농담에 억지로 웃어 준다. (배려심이 많기 때문이다.) * 마음을 잘 연다. (외향적이기 때문이다.) * 감정 표현을 잘한다. (사람들을 좋아하기 때문이다.) * 과소비적인 성향이 있다. (남을 잘 챙겨주기 때문이다.) * 사랑 고백을 잘한다. (외향적이기 때문이다.)

단도직입적으로 말하겠다. '혈액형별 성격 유형'에서 서술되고 묘사된 성격은 인간이라면 누구나 한 번쯤은 해봤을 법한 행동이다. '4분의 1에 확률'이 아니라 '특정한 상황' X '선택의 확률'이라는 말이다. 아래 예를 보자.

[예시]

1) 농담에 억지로 웃어주거나, 웃지 않거나.

2) 마음을 잘 열거나, 열지 않거나.

3) 감정 표현을 잘하거나, 그렇지 않거나.

4) 과소비적 성향이 있거나, 그렇지 않거나.

5) 사랑 고백을 잘하거나, 하지 못하거나.

6) 기타 등등...

어떤 특별한 혈액형의 사람들이 한 가지의 상황에서 한 가지의 반응만 보이지 않는다. 똑같은 혈액형을 가지고 있음에도 같은 상황에서 다른 선택이 나오기도 하고, 같은 선택을 하기도 한다. 여기서 예를 한 번 들어보자, 'A군'은 첫사랑인 'B양'을 열망적으로 사랑했지만 결국 고백을 하지 못하고 실패로 끝났다. 이를 교훈 삼아서 A군은 다음 사랑인 'C양'에게 고백을 했다.

위의 예처럼 사람은 변한다. 똑같은 상황이 닥쳤을 때에도 변하지 않고 똑같은 선택을 할 때가 있고, 다른 선택을 할 때가 있다. 어떤 상황에서 특정한 행동을 하는 것은 혈액형이 결정짓는 것이 아니라 어떠한 상황에서 특정한 행동을 하는 인간이 하는 선택에 따라서 갈리는 것이다. 상황과 선택 그리고 수많은 요소들에 따라서 성격에 대한 유형이 나뉘기 때문에 특정한 혈액형이나 특정 집단에 포함된 사람들로 성격별 유형을 나누어야 하는 것이 아니라 사람의 인구수만큼 성격 유형을 나누어야 하는 것이 맞다. '살아 온 환경'과 '살아 갈 환경' 그리고 '선택한 것들'과 '선택할 것들'에 따라서 인간의 인생은 얼마든지 다르게 변할 수 있기 때문이다. 독자들이 글을 처음 읽는 순간부터 자신의 혈액형에 맞는 글만 읽고 그것하고 자신의 성격을 비교한 채로 끝나기 때문에 눈치를 채지 못하는 것이다. 나중에 한 번만 혈액형에 대한 모든 심리들과 행동들을 전부 자신의 행동과 비교해 보아라. 당신이 살다가 한 번쯤은 해봤을 행동들이다. 이것은 혈액형 유형에 따라서 나뉘는 것이 아니라 한 개인이 내린 선택에 따라서 달라지는 것이니 혈액형별 성격 이론의 신빙성은 점점 가치를 잃어갈 것이다.

셋째, 자신에 대한 정체성을 규정하는 데에 쓰이지만 객관적이지 못하다. 평범한 사람들은 자신의 정체성에 대해서 혼란스러워하기 때문에 남들에게 규정받기를 간접적으로 원한다. 마음이 여린 사람일수록 결정력이 없고, 수동적인 사람일수록 자기 자신을 규정하는 것에 대해서 두려워하며, 남이 자신을 판단하는 수준 이상으로는 자신의 가치를 판단하지 못한다. 어쩌면 과거에 있던 대인관계로 인한 트라우마로 인해서 자기의 의지가 심하게 꺾인 적이 존재하여 그 다음부터는 자신의 판단력이나 의지가 아닌 다른 사람에게 평가받는 수준으로만 자신의 한계를 정하는 사람일수도 있다. 그리고 그런 사람이라면 정체성에 혼란을 많이 겪는 동시에 점점 수동적인 인간으로 성장했을 가능성이 상당히 높다.

왜냐하면 겁이 많을수록 선택을 하는 시간이 지연되고, 그 시간이 지연되면 될수록 결정력이 떨어지기 때문이다. 다시 본론으로 돌아와서, 자신의 정체성에 혼란을 겪는 사람은 안정감을 얻기를 원하기 때문에 자신의 정체성을 '모르는 상태'가 아닌 '아는 상태'로 만들어하고 싶은 성향이 강하다. 그러므로 성격 유형 같이 정체성을 나타내는 이론에 더 관심을 많이 가지며, 그 이론과 자신의 성격을 비교하는 경우도 있지만, 나중에는 그 이론의 유형에 맞춰서 자신의 성격을 개조하는 사람도 생긴다. 이 말은 그 유형이 올바르기 때문에 그 사람을 유형대로의 삶으로 인도하는 것이 아니라 그 사람이 그 유형을 자신의 정체성이라고 착각했기 때문에 이른바 '혈액형별 성격 이론' 중에서 자신의 유형과 일치한 이론이 제시한 삶을 살려고 하는 것이다.

인간이라면 누구나 울고, 웃고, 화내고, 사과하고, 용감해지고, 겁이 많아지기 마련이다. 살면서 한 번쯤 겪을만한 경험을 무작위로 나열하고, 그것을 작성자 임의대로 수정이 가능한 유형에 자신의 인생을 억지로 끼워서 맞춘다면 더 멋지거나 올바른 인생을 살 기회를 날려버리는 일은 아닐까?

넷째, 이성에 대한 호기심을 직접 경험이 아닌 허황된 지식으로 규정한다. 사람들에게 이성을 임의로 평가하는 것만큼 매력적인 것은 없다. 대체적으로 한국 사회 인식이 아직까지는 남성이 여성보다 더 책임감과 적극적이어야 된다는 관념이 남아서인지 여성이 먼저 남자에게 다가가서 말을 거는 일은 자존심이 상하는 일이라고 착각하는 경우가 존재한다. 상대의 남자에게 관심이 있지만 상대의 남성도 두려워서 자신에게 다가오지 못하고, 자신도 두려워서 그 남성에게 다가가지 못하니까 그 사람을 만나서 대화나 행동으로 얻는 경험이 없기 때문에 상대의 남성이 좋은 남자인지 아닌지 스스로 판단을 할 수가 없는 것이다. 그러나 사람은 불확실하거나 불확정한 상태, 즉 자신이 호기심을 가지고 있는 이성에 대해서 '모르는 상태'가 아니라 '알고 있는 상태'가 되고 싶어 한다.

그렇기 때문에 상대방에 대한 직접 경험이 없어서 상대방을 잘 알지 못함에도, 자신은 다 알고 있다고 생각하려는 경향이 강하고 그래서 남의 성격을 독자가 임의대로 결정할 수 있는 혈액형별 성격 유형 이론을 더 빠져드는 것이다. 쉽게 다시 풀어서 말하자면 남성이든 여성이든 간에 상대의 이성에 대한 호기심은 많을 수밖에 없다. 소심함 때문에 상대를 직접 경험을 할 수가 없어서 그 사람이 '좋은지, 아닌지' 판단을 할 수가 없기 때문에 그들, 스스로가 간접 정보라고 믿는 '별자리, 사주, 혈액형'과 같은 미신에 더 빠져드는 것이다.

별자리와 사주 그리고 혈액형은 모든 인류에게 해당되는 탄생월과 혈액형을 가지고 구분하기 때문에 타인이 상대방에 대한 유형을 정하기가 편하고, 그 이론대로 사람을 정의내리기 간편하다(간편하다는 것은 편리하다, 하지만 간편한 것이 올바른 것은 아니다).

직접적인 교류가 없고, 간접 지식(불완전한)인 혈액형별 성격 유형을 가지고 상대 이성이 좋은 사람일지, 아닐지 미루어 짐작하려는 심리가 잠재되어있다고 본다.

인간은 복잡한 문제에 직면했을 때에 그걸 '모르는 상태'로 두는 것보다 알지 못하더라 '아는 상태'로 정의내리길 좋아하나보다. 필자는 위의 이유들을 근거로 필자는 혈액형별 성격 유형이 미신이라고 생각한다.

● 인간 평가에 대한 고찰 ●

1) 첫인상으로 사람을 결정짓지 말자

　우리는 너무나도 쉽게 한 사람의 전체적인 평가를 첫인상으로 평가한다. 그 첫인상이 잘못되었을 수 있음에도 필자를 포함한 대부분의 사람들은 타인을 함부로 규정하고 비판한다. 그러나 필자는 첫인상으로 사람을 확정을 짓지 말아야 한다고 생각한다. 첫인상은 말 그대로 사람의 한 모습에 대한 생각이지, 그 사람의 중간이나, 끝까지의 모습을 본 것이 아니기 때문이다. 사람이 친한 사람의 배신에 더 치를 떠는 이유는 '저 사람은 배신을 하지 않을 것이다'라고 믿었던 사람이 배신을 했기 때문이다. 만약에 배신할만한 사람이 막상 저지른 배신은 전자에 비해서 아프지가 않다. 왜냐하면 사전에 인지를 하고 있었기 때문이다. 그러나 그와 반대로 전자가 더 아픈 이유는 그에 대한 대비는 전혀 되어있지 않기 때문에 더 커다란 아픔으로 다가오는 것이다. 우리가 살다보면 첫인상이 나빴던 사람이 알고 보면 좋은 사람인 경우도 있고, 첫인상이 좋았던 사람이 겪다보니까 나쁜 사람인 경우도 있다. 사람은 오래 겪어봐야 아는 존재이지, 순간적으로 만나서 판단할 수 있는 존재는 아니다.

2) 모두에게 나쁜 사람, 나에게만 나쁜 사람

　우리는 우리, 자신을 나쁘게 대한 사람을 나쁜 사람이라고 생각한다. 나에게 나쁜 일을 한 사람을 다른 사람들도 똑같이 나쁜 사람으로 봐주길 원하지만 타인들도 나와 같이 나의 적을 나쁜 사람으로 인식하지는 않는다. 예를 들어서 A와 B 그리고 C라는 친구가 있다고 해보자. 이 와중에 A와 B가 서로 감정 갈등이 생겨서 싸우게 되었다. A는 C라는 친구에게 B에 대한 험담을 했지만 C가 별로 공감해주질 않아서 기분이 상했다. 왜냐하면 갈등 관계에 놓인 사람은 A와 B이지, B와 C가 아니기 때문이다. B가 A에게, A가 B에게 상처를 주었지만 C는 이중에 그 누구에도 상처를 입지 않았기 때문에 굳이 갈등을 겪을 필요가 없다. 하지만 세 사람에 친함의 크기가 다르면 결과는 다르게 바뀔 수도 있다. 잘못이 얼마나 크고 작으냐에 따라서 편이 기울기도 하고, 잘못의 유무와는 상관없이 개인적인 친분에 의해서 편이 결정될 수도 있다. 더 심한 경우에는 A가 싸움을 잘해서 암묵적으로 C에게 B를 따돌리도록 강요할 수도 있다. 만약에 친함의 크기가 같고, 지식의 수준과 싸움의 실력이 비슷하다면 A가 C에게 강제로 B를 싫어하게 만들 순 없다. B는 모두에게 나쁜 사람이 아니라 A에게만 나쁜 사람이기 때문이다.

3) 살인범이 더 나쁠까? 성폭행범이 더 나쁠까?

A라는 사람이 B라는 사람을 죽였다. 그렇다면 A는 나쁜 사람인가? 그렇다. 나쁜 사람이다. 그런데 A가 B를 살해한 이유가 사실은 자신의 아내를 지키기 위해서였고, 아내를 겁탈하려던 B씨를 막다가 죽인 거라면 여전히 A씨는 나쁜 사람인가? 단순히 위의 예를 가지고 A씨나 B씨 중에 한 명만 '나쁘다', '착하다'라고 몰아갈 수는 없는 법이다. A씨가 옳다고 평가한다면 성폭행을 비판하지만, 살인은 옹호하는 꼴이 되고, B씨가 옳다고 평가한다면 살인은 비판하지만, 성폭행은 옹호하는 꼴이 되니 말이다. 이처럼 우리가 어떤 사람을 착하다거나, 나쁘다고

정의를 내릴 때에는 그 사건 전체의 시시비비를 세분화해서 따져야 그나마 판결에 대한 정확성이 높아진다. 필자가 위의 예시를 분석해서 설명해보자면 아래와 같다.

3)-1 살인 사건

A씨(가해자)	B씨(피해자)
1. 살인을 한 것은 분명한 사실이다. 2. 아내를 지키려다가 실수로 살해했다.	1. 살해당한 것은 분명한 사실이다. 2. A의 아내를 범하려다가 살해당했다.

3)-2 성폭행 사건

A씨와 그의 아내(피해자)	B씨(가해자)
1. 성폭행을 당할 뻔했던 것은 사실이다.	1. 범죄를 실행할 능력이 있다. 2. 범죄를 실행할 의도가 있다.

　　예시에 나온 사건을 단순히 살인 사건이라거나 성폭행 사건처럼 한 가지로 규정할 것이 아니라 살인 사건과 성폭행 사건이 결합된 '복합사건'으로 봐야 옳으며 B씨가 A씨의 아내를 겁탈하려던 것은 엄연한 범죄이기 때문에 성폭행 사건에서 가해자는 B씨가, 피해자는 A씨와 그의 아내가 되며 A씨가 B씨를 죽인 것 또한 엄연한 범죄이기 때문에 살인 사건에서 가해자는 A씨가, 피해자는 B씨로 봐야 한다. 여기에서 중요한 것은 살인에만 중점을 두어버리면 B씨의 죄는 묻지 않는 꼴이 된다. 다시 말해서 살인 사건에 대한 처벌은 내렸지만 성폭행에 대해서는 방관한 꼴이 된다.

3)-3 다른 예시들

　　살인과 성폭행, 두 개의 범죄 중 어느 것이 더 무거운 범죄인가를 따져보았을 때에 당연히 살인이 더 무거운 벌이지만 이것이 A씨의 정당방위로 규정된다면 또 사건의 흐름은 충분히 달라진다. A씨가 정당방위를 한 것이므로 B씨가 한 행동만 범죄로 적용이 된다. 그런데 만약에 A씨가 B씨를 죽이지 않고도 범죄를 막을 수 있는 상태였다면 어떨까? 애초부터 B씨의 근력이 너무나도 약해서 A씨가 약간의 저지만으로도 범죄가 차단된 상태로 끝낼 수가 있던 상황을 분개한 A씨가 때려죽인 것이라면 판결은 어떻게 될까? 여기서 더 상황을 복잡하게 만들어서 B씨가 성폭행을 하려던 의지가 전혀 없는 사람이고, A씨에게 살해당한 다음에 사실이 왜곡된 것이라면? 이게 아니라 A씨의 아내가 B씨를 정당방위로 죽였는데 A씨가 살인죄를 뒤집어 쓴 것이라면? 이처럼 복합적인 범죄 사건은 한쪽만 '옳다', '그르다'를 판단하기 힘든 문제이므로 사람 한 명마다 잘잘못을 나누어서 복합적으로 평가해야 한다.

4) 착한 사람, 나쁜 사람

예전에 어떤 기사를 본 적이 있다. 나치의 전범 중에 한 명이 사실은 매우 가정적이고, 인간애가 넘치는 사람이었다는 것이 밝혀졌으며 사람들은 어떻게 '이렇게 인간성이 좋은 사람이 수많은 유태인을 학살을 했을까'에 대해서 경악했다는 내용이었다. 우리는 위의 예처럼 우리가 이미 '착하다', '나쁘다'라고 규정해놓은 사람이 알고 보니 착한 일도 했었고, 나쁜 일도 했었다는 사실이 밝혀졌을 때에 그 사람을 더 이상 착한 사람으로 봐야할지, 나쁜 사람으로 봐야할지 혼란스러워 하는 경우가 종종 존재한다. 그런데 사실은 그렇게 복잡할 이유가 없다. 사람은 살다가 자의이든, 타의이든 착한 일을 하기도 하고, 나쁜 일을 하기도 한다. 쓰레기를 줍는 수준의 작은 선행을 하기도 하고, 남을 죽이는 정도의 악행을 저지르기도 한다. '쓰레기를 줍는 행위를 선하다'고 판단하고, '살인을 나쁘다'라고 판단한 상태에서 살인자가 쓰레기를 줍게 되면 더 이상은 쓰레기를 줍는 행위를 선하다고 판단할 수 없는가? 그렇지 않다. 그렇다면 어떻게 봐야 문제가 덜 복잡해보일까? 부분 행동으로 사람을 규정하지 말고, 사람이 사는 동안에 했던 전체 행동으로 사람을 판단하면 된다. 예시를 들자면 아래와 같다.

4)-1 김씨의 삶

*김씨가 사는 동안에 한 행동들

1) 선행	2) 악행
- 공공장소의 청소를 자주 했다. - 남의 실수를 대신 덮어 쓴 적이 있다. - 부모님에게 효도했다.	- 남을 이유가 없이 살해한 적이 있다.

위의 표처럼 김씨라는 사람은 공공장소에 대한 청소를 자주 했고, 남의 실수를 대신해서 덮어서 쓴 적이 있으며, 부모님께 효도하는 등의 선행을 했지만 남을 아무 이유가 없이 살해한 악행을 저질렀다. 이 경우에 김씨는 악행의 무게가 선행의 것보다 더 무거움으로 김씨를 대체적으로 나쁜 사람이라고 평가하면 된다.

필자는 정치나 종교 얘기가 나올 때마다 특정한 정당이나 종교에 속한 사람들. 즉, 특정한 집단에 포함된 사람들끼리 서로 혐오스러워하고, 깎아내리는 모습을 많이 보았다. 필자가 보기에 그들의 갈등이 더 극에 달하는 이유는 상대의 단점만을 보기 때문이라고 생각한다. 자신이 싫어하는 사람이 일말의 가능성이라도 좋은 사람일지도 모른다는 변수에 머리가 아프니 그렇게 생각하기 싫고 귀찮아서 간편하게 좋은 사람과 나쁜 사람 중에 하나를 자신의 임의대로 정한 것이다. 세상에는 자의와 타의로 하는 선행과 악행이 존재하기 때문에 악행만 하면서 살기도, 선행만 하면서 살기도 힘든 것이 사람의 인생이다. 그러므로 어떤 인생에도 100%의 나쁜 사람이나 좋은 사람은 없다고 생각한다. 그 사람이 살아왔던 선행과 악행의 수를 나열하고, 그 무게를 정한 다음에 그 사람은 대체적으로 '악행보다 선행을 더 많이 했다'라든지, '선행보다 악행을 더 많이 저질렀다'라는 식으로 사람을 평가한다면 우리가 적이라고 판단했던 사람들에게서조차도 이해를 하게 되고, 미처 보지 못했던 그 사람의 장점을 볼 수 있지 않을까?

위대한 바보

● 누구도 남을 다치게 할 권리는 없다 ●

인류가 스스로를 포장하는 것보다 인간은 별로 신성한 존재는 아니다. 누가 말했듯이 오로지 인간만이 자신의 이익을 위해서 남을 해치는 것을 보면 알 수가 있다. 남을 해치지 말고 남을 사랑해야 한다고 부처, 간디, 예수, 묵자 등등의 박애주의자들이 오랜 시간동안에 인류를 독려한 것에 비해서 여전히 인간은 박애주의를 받아들일 정도로 정신적인 진화가 이루어지진 않은 것만 같다. 어떤 이는 힘을 지녔음에도 남을 돕는 데에 비해서 또 다른 이는 힘을 남용하며 남을 해친다. 후자의 악인들은 자신의 권력 유지나 남에게 화를 낼 권리를 얻기 위해서 사람들을 겁주고 공격한다. 그들이 힘이 있다는 사실을 부정하지 못하지만 또한 그들이 남을 해치고 아무런 책임을 지지 않는다는 사실은 명백하게 존재한다. 악인들이 잘못을 하고 그것을 선한 이에게 뒤집어씌우는 건 잘못에 대한 책임까지 전가해서 마음대로 화를 낸 것에 대해서 죄를 치루지 않으려는 심산이기 때문이다. 그 누구도 태어날 적부터 남을 해칠 권리도, 남에게 화를 낼 권리도 없음에도 불구하고 너무나도 많은 사람들이 자신의 사회적 지위나 경제력을 바탕으로 가해자와 피해자의 입장을 뒤바꾸면서 사회를 병들게 하고 있다.

● 남에게 화낼 권리도 없다 ●

　　자신이 다른 사람들의 위에 있다고 생각하는 사람들은 시대가 변해도 여전히 존재한다. 내가 오랜 기간 동안에 연구한 결과로 한 가지를 알게 되었는데 사람들이 권력을 잡으려는 이유는 남에게 마음대로 화를 내고도 책임을 지지 않기 때문이다. 한마디로 자기가 살고 싶은 대로 살려고 권력을 잡는 것이다.

　　이미 석가모니와 예수 그리고 간디와 묵자 같은 박애주의자들 덕분에 인류가 평등해야 된다고 주장되어진지 아주 오랜 시간이 흘렀음에도 불구하고 사람들은 평등해지길 원치 않는다. 세상에 좋은 사람들이 너무나 많지만 아직도 문명선진화를 받아들일 정도로 인성이 덜 발전된 사람들이 너무나도 많다. 자신만 특별해지길 원하고, 친구들조차 견디지 못하는 잔혹한 성격을 받아주길 원한다. 그러나 자신의 잘난 멋에 취해서 타인을 학대하는 사람 곁에 그대로 있으려는 사람은 아무도 없다.

　　그 때문에 나는 악인들이 멋대로 살면서 주위의 사람들을 옆에다가 강제로 묶어두기 위해서 권력을 잡는 것은 아닐까라는 생각이 들었다. 시대에 따라서 종교, 혈족주의, 민족주의로 권력을 형성해서 사람들을 억압하고 착취하면서 사람들이 문제점을 지적하면 화를 내고는 지적을 못하게 하고 어쩔 때에는 폭력으로 진압하는 이중적인 행태를 보인다. 이 모든 것이 이기적이기 때문이며 문명선진화가 가능할 정도로 인성이 되지 못하는 사람이기 때문이다. 스스로를 고상하다고 하지만 그 고상함은 남의 눈물로 쌓아올린 가식이다. 학교의 일진이나 부패한 권력자들이나 자신들의 잘못에 대해서 지적하면 폭력으로 진압하려는 걸 보면 두 집단이 똑같다.

● 베플이 되고 싶은 욕망, 악플을 만들다 ●

사람은 자신이 돋보이기를 바란다. 사람들이 자신의 의견에 공감하고, 귀를 기울여주기를 바란다. 사람은 누구나 착각한다. 남녀노소의 상관없이 자신의 생각이 가장 올바르다고 말이다. 그러한 심리 때문에 사람들은 어떤 기사나 누군가가 올린 글을 보고 자신의 생각을 키보드로 적는다.

가장 많은 사람의 공감을 얻어서 한자리를 당당히 차지하는 것, 현대 사회에서는 그것을 베스트 리플, '베플'이라고 부른다. 누군가는 진심 어린 격려와 조언을 주기 위해서, 어떤 이는 시기 어린 질투와 악담을 퍼붓기 위해서, 어떤 이는 그저 의미가 없는 농을 던지기 위해서, 그 글이 올바르든 그렇지 못하든 간에 베플이 되는 순간에 사람들 사이에서는 스타가 되며 친구들에게는 자랑거리가 된다. 사람들에게 관심을 받고 자랑을 할 수 있는 순간부터 사람들은 광기에 지배되기 시작하고 맹목적으로 글을 쓰기 시작한다.

자신의 뜻을 알리고자 썼던 글들은 이제 베플이 되기 위해서 자신의 뜻과는 전혀 상관없이 남보다 더 논리정연하거나 남보다 더 독하거나 남보다 더 심한 글들을 올리기 시작한다. 남들이 하는 것은 나도 해야 하고, 남이 잘하면 평균 이하의 수준으로 내려 깎는 '왜곡된 균등사상'이 가뜩이나 오염된 사이버 공간에서 사람들을 더 경쟁하게 만든다.

기존의 방법으로는 베플이 될 수 없으니까 더 튀기 위해서 상대방에게 상처가 되든지 말든지 간에 더욱 심한 독설들을 퍼부어댄다. 그 글이 베플이 되든지 아니든지 간에 튀려고 쓴 악플은 기사의 주인공이나 글을 올린 사람에게 무한한 상처를 남기고 그 악플의 악취는 포털 사이트의 서버에 기록이 된다. 베스트 리플이 된다고 해서 자신의 수입이 더 늘어나거나, 집이 바뀐다거나, 가족의 병이 치유되는 것이 아니다.

즉 현재 삶에 아무런 도움이 되지 않음에도 불구하고 사람들은 익명의 가면을 쓰고, 비생산적으로 글을 쓴다. 그리고 그 글로 인해서 자살을 하거나 죽으면 상대의 잘못이라며 상대방의 탓으로 몰아간다. 죄를 지지도 않은 사람을 아무 권리도 없이 능지처참을 하고 있는 꼴이다.

(악플러들이 현실에서 처벌을 받을 때에 눈물을 흘리는 건 무슨 까닭일까? 악플을 쓸 당시의 모습이 자신의 페르소나 중의 하나인데 그동안에 잘못이라고 인지를 못해서 우는 것인지, 남들이 자신의 생각을 이해해주지 않아서인지, 눈물만 흘리면 범죄도 감형해주는 나라임을 알고 그러는 것인지, 가족과 지인들에게 창피해서인지 알 수가 없다.)

그러면서 자신의 글이 가장 많은 공감을 얻었으니까 모든 사람이 자신의 생각과 같아서 자신을 지지해줄 거라 생각한다. 그러나 이는 명백한 착각이다. 왜냐하면 모든 사람이 그 글이 담긴 사이트를 이용하는 사람이 아니며 해당 글이 잘못되었다고 해서 회원가입이나 로그인을 통해서 일일이 댓글을 달지 않기 때문이다. 그렇기 때문에 인터넷에 존재하는 대부분들에 글들의 조회의 수가 베플의 추천 숫자보다 압도적으로 높다. 이 때문에 글에 댓글을 다는 소수의 생각을 제외하고도 글을 읽고 댓글을 달지 않는 다수의 생각이 존재할 것이며 이들 중에는 베플의 생각에 동의하지 않는 사람도 상당히 많을 것이다. 그러니 자신의 생각만이 옳다는 것만으로, 튀고 싶다는 욕망 때문에 악플을 쓰는 순간 댓글을 쓰지 않는 다수에게 비웃음을 사게 될지도 모른다.

● 범죄자는 범죄자일 뿐이다 ●

　　요즘에 접하는 많은 기사들을 보면 범죄가 만연해있다는 걸 느낀다. 그곳에서 느낀 위화감이 한 가지 있는데 그것은 범죄자의 처벌을 가볍게 내리는 데에 대한 변명들을 너무나 많이 가져다가 붙인다는 것이다. 술에 취했기 때문에, 정신병이 있기 때문에 가해자가 피해자를 해친 일에 대해서 가벼운 처벌을 내리거나 사회 전반의 높은 계급을 지닌 사람이 범죄를 저지르면 살인교사를 주도한 정치인이나 성추행을 저지른 기업가이라면서 그들이 사회에 미치는 영향이 크기 때문에 솜방망이 처벌을 내리기도 한다. 그런데 이 얼마나 어이가 없는 일인가?

　　단지 그냥 범죄자를 범죄자로 보면 강력한 처벌을 내릴 수 있다. 술에 취하거나 정신병이 있는 사람이면 다른 사람을 해할 권리라도 생기는 것도 아니다. 그리고 범죄를 저지른 사람이 사회적·경제적 지위가 높든 낮든 그건 범죄와 전혀 상관이 없는 문제이다. 왜 전혀 다른 두 가지의 문제를 섞어서 오판을 내리는 것인지 안타까울 따름이다. 다른 것은 다 필요가 없다. 가해자가 피해자에게 피해를 준 사실만 보고 처벌하면 된다. 고위의 관리가 성범죄를 실수로 한 것이 아니라 그냥 성범죄자다. 단지 범죄자는 범죄자일 뿐이다. 단지 그뿐이다. 왜 범죄의 처벌을 내리는 사법부가 범죄를 일으켰다는 사실보다 범죄자의 사회적 지위를 먼저 우선순위로 두려고 하는지에 대해서 반성을 해야 되지 않을까?

● 피해자와 가해자에 대한 고찰 ●

　남을 때리는 것, 폭언하는 것, 강간하는 것, 죽이는 것, 괴롭히는 것, 방관하는 것, 따돌리도록 부추기는 것, 거짓된 소문을 퍼뜨리는 것. 모두 잘못된 일이라고 머리로 이해하고 있으면서도 자신의 감정과 분노를 주체하지 못해서 남에게 씻을 수 없는 상처를 준 사람을 법으로 처벌할 시기에는 모두 가해자의 편을 들으며 기존의 잘못조차도 피해자에게 전가시키는 사회에서 나는 살고 있다. 이런 왜곡된 형태로 문제들이 진행되는 이유는 그 집단이 옳고 그름을 이성이 아닌 감성으로 풀어내서이다. 잘못을 한 주체가 잘못했다는 사실에 분노하는 게 아니라 그 주체와 내가 친하기 때문에 편을 들고 피해자를 해치는 것이다. 집단 내의 연령층이 낮으면 낮을수록, 또 옳고 그름을 구분할 줄 아는 지성의 능력을 가진 사람의 수가 적을수록 폭력성과 잔인성이 더 짙어진다.

1) 이성으로 사건을 판단하는 집단일 경우
(1) 가해자 : 잘못을 저지른 주체 -> 처벌해야 한다.
(2) 피해자 : 피해를 당한 주체 -> 억울함을 풀어줘야 한다.

2) 감성으로 사건을 판단하는 집단일 경우
　(가해자의 힘부터 고려한다)
(1) 가해자 : 피해자가 화나게 했으므로 피해자를 혼내야 한다.
(2) 피해자 : 가해자가 폭력을 행사하도록 만들었다.

　사실이라는 것은 대부분 절대적이다. 잘못은 잘못이고 잘한 것은 잘한 것이다. 사실 관계만 따졌을 때에 보기의 1번처럼 사건이 진행되어야 한다, 인류는 아직 덜 진화했기 때문에 여전히 문제를 이성이 아닌 감성으로 푸는 경우가 많은데 2번과 같이 이성이 없거나 지적 능력이 모자른 집단의 경우는 사실을 바꾸어 버린다. 왜냐하면 머리가 아니라 가슴으로 사건을 풀었기 때문이다. 예를 들어보자. 사과를 사과라고 하는 이유는 당연히 그 물체가 사과이기 때문이다. 그런데 사람이 화가 났다고 사과가 귤이 될 수는 없는 노릇이다. 누구라도 그런 사람을 바보라고 생각할 것이다. 바로 그 바보가 2번 집단의 사람들인 것이다(그 사람 자체가 바보인 것이 아니라 그 사람이 그 사건에 대해서 판단하고 행동하는 것만 바보와 같은 일이다).

누군가가 남에게 잘못을 저질렀다는 사실이 그 사람이 화가 났다는 이유로 남에게 잘한 일로 변하지 않으며 세 3자가 가해자와 더 친하다고 해서 사실 관계가 뒤바뀌는 것은 잘못된 일이고 바보와 같은 일이다. 그 사람들이 조금 더 바보였다면 그들이 화가 날 때마다 우리가 사는 행성은 지구가 아니라 화성이 될 것이며, 먹는 밥은 돌이 될 것이고, 자동차는 철 대신에 쌀로 만든 동력기관이 될지도 모른다. 왜냐하면 그들에게는 기준이 없기 때문이다. 사실은 그대로 존재하는데 그 사실을 볼 수 있는 지적 능력이 되지 않기 때문에 매번마다 자신의 감성대로 사실을 바꾸어 버린다. 이런 사람들이 권력을 쥔다면 세상이 갑자기 망하지는 않아도 급격하게 망가질 것이다. 지금도 여전히 불합리한 일들이 많았지만 과거에 왕이나 귀족같이 권력을 잡은 사람들이 남의 재산을 빼앗고, 가족을 겁탈하고, 생명을 강탈하는 행위를 저질러도 전혀 처벌받지 않는 건 악성 기득권층이 지어낸 신화나 사이비 이론을 통해서 자신들은 마치 무슨 짓을 저질러도 용서가 되는 사람들이라며 대중들을 오랜 기간 동안에 속여서 가능했다.

가해자인 왕족이 피해자인 백성에게 잘못을 뒤집어씌우고

그게 마치 당연한 것처럼 연극을 펼치면서 권력을 유지해왔다. 악성 기득권층이 아무리 남을 죽이고, 재산을 빼앗고, 강간해도 '나를 모욕했다'라거나 '나는 고귀하다'라는 이성에 부합되지 않는 엉터리 논리로 피해자를 죽이라고 하면 주위 사람들은 주저함이 없이 따랐다. 왜냐하면 그걸 옳다고 생각했을 것이고, 자신들이 한 행동 자체가 옳았는지 틀렸는지 구분할 정도의 이해력이 없도록 길러졌기 때문이다. 말이 되는가?

　자신이 원하거나 기분이 나쁘다고 해서 남을 죽이고, 괴롭히고, 강간할 권리가 생기는 것이 아니다. 그런 권리를 누가 주었는가? 신이 주었는가? 신이 주었다는 건 어떻게 증명을 할 셈인가? 술에 취하거나, 마약을 했거나, 정신병으로 신을 본 것이 아니라는 건 어떻게 증명할 것인가? 만약에 신이 그 사람에게 그럴 권리를 주었다는 건 또 어떻게 믿을 수 있을 것이며 누가 증언을 할 수 있는가? 만일에 그런 증언을 할 수 있다면 그 증인의 말은 어떻게 사실인 것인가? 이런 회의적인 질문 몇 가지만으로 역사적 사건을 돌이켜 본다면 과거에 기득권층이 얼마나 많은 사람들에게 막대한 피해를 입혔는지를 순식간에 알아낼 수 있다. 설사 과거 기득권층이 얼마나 잘못되었는지에 대해서 이해할 수 있는 능력이 있는 사람이 있었을지라도 그런 사람을 기득권층이 가만히 내버려 두지 않았을 것이다(그 사람만 없어지면 자신들이 마음대로 살 수 있기 때문이다). 다시 본론으로 돌아와서 이토록 세상은 정의와 이성으로 지켜져야 하지만 우리의 사회는 이성보다 주먹이 앞서고, 틀렸어도 폭력으로 이기면 틀렸던 사실이 맞는 걸로 둔갑이 되고, 친하고 친하지 않음에 사실이 뒤바뀌며, 타인을 도우려고 나서는 의로운 사람들이 오히려 처벌받거나 따돌림을 받도록 방관하는 사회적 구조로 이루어져 있다. 보는 뉴스마다 화가 나고 슬퍼지며 불안해지는 이곳에서 우리는 살아가고 있다.

한 가지, 이 글에서 반드시 전해야 할 말이 있다면 가해자를 용서할 권리는 피해를 입은 피해자에게 있다는 것이다. 사법 기관이 가해자에게 가벼운 처벌을 내리는 일도, 종교 단체와 인권 단체가 주제 이상으로 나서서 가해자를 처벌하는 일을 막고, 가해자 가족과 친구들이 피해자 가족을 유린하는 모든 행위 중에 단 하나도 옳은 일은 없고 그럴 권리는 세상에 존재치 않는다. 만약에 그렇다고 주장하는 이는 사이비이며, 사람을 살리려고 내놓은 철학책과 종교의 교리를 멍청하게 해석해서 사람을 죽일 정도로 무서운 사람이다.

　　사법 기관이 타락해서, 제 3자가 나댄다고 해서 피해자가 입은 아픔이 사라지지 않는다는 것이다. 설사 사법 기관에서 가해자에게 무죄 판결을 내렸다고 해서 진정한 의미로 무죄가 된 것이 아니라는 말이다. 가해자가 피해자에게 가해를 입힌 것, 그것이 바로 있는 사실을 정직하게 말한 이성적인 답변이다. 피해자가 가해자에게 피해를 입으면 그 벌금을 피해자에게 주는 것이 아니라 국가가 가져가고, 가해자와 피해자 간의 불평등함이 고쳐지지 않았음에도 술을 마시고 정신병에 걸리면 형량이 줄고, 왕따를 당하는 이를 도우면 오히려 왕따를 시키고, 살인범과 강간범에게 생명을 위협받아서 목숨을 걸고 싸워도 모자랄 때에 가해자가 다칠까봐 염려하면서 싸워야 하며, 가해자가 기득권층이면 법의 판결이 달라지는 것은 불합리한 것이다. 가해자가 피해자에게 피해를 입혔으니 처벌해야 된다는 너무나도 눈에 보이고, 명백한 하나의 진실을 제대로 이해할 수 있는 지적 능력을 갖춘 사회가 앞으로 내가 사는 사회이길 바란다.

● 신성한 것은 없다, 법도 그러하다 ●

　나도 오만함으로부터 자유롭지 못한 바보이다. 하지만 그런 바보임에도 난 인간의 오만함이 싫다. 간혹 법과 정책을 다루는 사람들을 보면 엘리트주의에 빠져서 자신들의 실수가 밝혀져도 법은 신성하니까 모욕하지 말라는 말만하면서 실수에 대한 책임을 지지 않는 경우를 종종 볼 수가 있다. 감히 사법부의 감정적인 응징까지 고려하고 말하는데 법은 신성하지도 완벽하지도 않다. 완벽이라는 말은 어떠한 관점에서도 틀리지 않는다는 의미이다. 어떠한 실수도 하지 않는다고 주장하는 것이다. 신이 아닌 일개 인간이 완전하다고 주장하는 것은 말이 되지 않는다.

　종교에서 완전한 이성을 가졌다고 주장하는 유일신도 자식들을 사랑해서 모든 걸 용서했다가도, 한 순간에 돌변해서 화를 내면서 모든 걸 불태우기도 할 정도로 불완전한 양상을 띄우는데 어느 인간이 스스로를 감히 완전하다고 입에 담는가?

　인간은 불완전한 존재이고, 그런 인간이 만든 법 중에도 옳은 것도 있겠지만 얼마든지 틀릴 것들도 있을 수가 있다. **가해자에게는 따뜻한 감정적인 사고를 발휘하고, 피해자에게는 냉정한 이성적인 사고를 발휘하면서 가해자의 범죄는 감형시키고 피해자의 보호에는 무신경한 태도를 보이는 것도 이중적인 행동이다.** 이 모두가 자신들을 신성한 존재라고 착각하기 때문에 자신들이 무슨 잘못을 저지르는지.

　법은 사회의 모두를 영향을 끼침에도 존재함에도 불구하고 그 관점이 어긋나서 사람들을 해친다. 사회의 일부에게만 법을 올바르게 수정할 수 있는 권한이 부여된 시스템 자체가 잘못이고 또한 억울한 사람을 보살피라고 법관이 되라고 하는 것이 아니라 돈을 많이 벌라고 법관이 되라고 자식을 교육하는 부모도 잘못이며 법이 우습다고 '범죄를 더 저질러야지'라는 사고를 가지고 있는 사람들도 잘못이다. 모두가 기본을 우습게 안 잘못이다.

6장
조국과 세상에 대한 걱정

우리는 범죄로부터 안전하지 못하고, 가해자를 뜨거운 감성으로 판단하고 피해자를 차가운 이성으로 판단해서 오히려 징역을 살게 하며 가해자는 책임을 지지 않게 만드는 동시에 피해자에게 모든 잘못을 덮어씌워서 사람을 고립되게 만든다. 법으로만 다스릴 수 있는 악인들이 더 선한 사람들을 해치게 만든다. 칼을 들고 목숨을 위협하는 강간범에게 제대로 반항하지 않았다면서 합의하에 성관계라고 판결을 내리기도 하고, 집에 들어와서 물건만 훔칠 것인지 아니면 나와 내 가족을 해치고 갈 것인지도 모르는 도둑을 뇌사상태로 만들었다고 징역을 내린다. 사람을 실제로 괴롭히는 왕따와 스토킹에 굉장히 무관심하다. 사람의 그릇이 더 작고 성격이 더 괴팍하고 권력을 사적인 보복에 쓰려는 소인배들이 살기 좋은 세상이 된 것 같다.

언제부터인가 새로운 시장을 연구 개발하는 것을 멈추고 스마트기기에만 너무 이목이 쏠린 것이 아닌가 걱정이 되고 정부는 자유경제를 무시하고 가격을 고정시키고 기업은 이로 인해서 더 낮은 품질로 고수익을 취하기 쉬워졌다. 그로 인해서 글로벌시대인데도 작은 이득에 눈이 멀게 되며 스스로 가격경쟁력을 떨어뜨리는 바람에 품질을 추구하는 미국과 독일 등의 제품들과 해외 기술을 사들인 중국의 저가 제품 사이에서 최고의 품질을 가진 것도 그렇다고 가격경쟁력이 높은 것도 아닌 애매모호한 상황이고, 동시에 정부와 수많은 기업들이 여전히

위대한 바보

국내의 제품을 고가로 유지하면서 해외시장에서 잃은 손실을 내수시장에서 만회하는 것처럼 보인다. 이뿐만이 아니라 정부의 방관 하에 기업들은 소비자가 재구매할 필요성이 없는 제품을 여전히 비싼 가격으로 더 빠르게 사게 만들기도 한다. 저축의 날을 만들어도 모자랄 판국에 연인과 가족 그리고 지인 간의 사랑과 존경에 대한 감정을 일개 '소비하는 날'로 전락시켜서 이제는 기념일이 없는 날이 거의 없을 정도이다.

이렇게 많은 기념일들로 인해서 사람에 대한 마음을 표하는 것이 금액으로 수치화되며 사실은 액수화가 될 수 있는 것이 아닌데 마치 금액과 마음을 연결을 지어서 사람의 자존심을 가지고 마케팅을 하고 있다. 자존심은 경쟁 심리와 직결이 되며 또한 허영심이 많은 사람들이 더 물질에 매달리게 만들어서 형편없는 사람으로 만든다. 이렇게 소비자의 자존심을 긁어가면서 수익을 벌어들이는 산업 등은 소비자들이 수개월에서 수십 년까지 모아온 소중한 재산을 단 며칠 사이에 자존심 싸움이나 허영심으로 탕진하게 만들고, 저축률을 저하시키며 젊은이들로 하여금 결혼에 대한 부담감을 심어주어서 결혼 시기를 늦추게 만들고 출산율 저하로 이어진다.

여기에서 멈추지 않고 고령화가 심화되고 이를 뒷받침을 해줄 수 있는 젊은이들이 없는 것이 실정이다. 사회의 높은 지위에 올라가서 올바른 일을 하면 바보로 매도하고 오히려 자신의 임기 기간 동안에 결과를 억지로 만들어 내려고 하거나 한바탕 수익을 얻어보겠다는 생각이 더 팽배해진 것 같다. 조금 다른 얘기로 바꾸어 국민의 생계에 지대한 영향을 미치는 정책을 국민이 아닌 정치인만 건드릴 수 있어서 문제가 생긴다고 생각한다. 정치를 하는 주체는 정치인이고 그런 정치인을 뽑은 것은 국민인데 이러한 절차로 인해서 국민의 탓을 하기가 더 쉬워졌다. 이렇게 국민의 탓만 하는 동안에 진정으로 잘못을 저지른 부패 정치인은 국가에 막대한 손실을 안겨주고 책임을 지는 일이 거의 없으며 그 손실은 영원히 되돌릴 수가 없게 된다. **그런 식으로 온종일 '국민의 탓'을 할 작정이면 정치인을 선정하는 과정에만 국민에게 권한을 주지 말고, 정책과 법을 만드는데도 권한을 주어야 한다.** 정책과 법에 권한을 줄 수 있는 사람이 다른데 국민의 탓만 하면 결국 문제는 영원히 해결되지 않는다.

● 기본을 우습게 생각하지 말라 ●

우리 사회를 살다보면 기본을 우습게 아는 행동을 많이 한다. 성질이 급하고 규칙을 어기기 좋아하는 사람들이 기본을 지키는 사람을 바보처럼 매도하기 때문이다. 전자의 사람들은 후자의 사람들이 자신들을 더럽게 생각할까봐 두려워서 지레짐작으로 내지 않아도 될 화를 내는 것만 같다. 민주주의는 사회의 구성원이 모두 평등하기 위해서 존재하지만 못된 성질을 가진 사람이 사회의 요직에 들어가면 계속해서 인위적으로 보이지 않는 계급을 굳이 나누려고 한다. 정부는 국민에 포함되는 국가의 기관일 뿐인데 정부가 양반이고 국민이 백성이라는 식의 태도를 보이고, 세금과 기부금은 공동의 이익을 위해서 모은 것인데 그 돈을 관리하는 자들이 자신의 사리사욕을 채우는 데에 정신이 팔려있고, 정치는 국가를 더 이롭게 위해서 존재하기에 더 신중하고 더 오랜 기간 동안에 심사숙고해서 정책과 법을 결정해야 함에도 자기의 임기기간동안에 노후를 준비하려거나 단기간에 명성을 쌓으려고 정책을 허술하게 만들어서 다음 임기의 정치인에게 넘겨버리고, 경제는 10퍼센트의 인구가 부를 축적하는 것보다 100퍼센트의 인구가 부를 축적해야 국가 전체의 부가 더 커져서 결국에는 더 큰 부를 얻을 수 있음에도 불구하고, 악인들이 자신들만 잘살려고 혹은 자신들의 말을 잘 듣는 사회를 만들기 위해서 끊임없이 사회 곳곳에 권력을 행사하고는 결국에 모든 책임은 국민의 탓으로 돌리는 마치 학급 폭력배와 같은 행태를 보이고 있다. 내가 비판하는 사람들 중에 스스로를 고상하다고 주장하는 사람들이 대다수이지만 자신의 잘못도 제대로 책임지지 않는 사람은 고상한 사람이 아니다. 왜 세상을 살기가 계속 나빠지고 있다고 생각하는가? 기본을 우습게 알기 때문이다. 기본을 중요하게 여겨라.

● 돈이 중요하지만 유일의 가치는 아니다 ●

내가 세상을 살다가 느낀 것인데 경제가 어려워지면 정말 광적일 정도로 사람들이 부패한 권력층에게 과도하게 충성하는 행태를 보인다는 점이다. 이런 행동이 짙어지는 시기는 주로 생계가 어려울 때이다. 사람들이 살기가 힘들다보니까 생계와 직결이 되는 직업에 도움을 줄 수 있는 부패한 권력층에게 지나치게 충성하는 것이다. 한마디로 빈부격차가 더 커지고 살기 힘들어지면 힘들어질수록 부패한 권력층의 눈치를 보거나 아부를 떠는 사람들이 많아진다는 것을 의미한다. 또한 이런 현상은 정부와 기업이 서로 결탁해서 국가 전체의 이익이 아니라 자신들만의 이익을 추구할 때에 더 짙어지며 이러한 악순환이 반복되어서 돈을 많이 벌거나 힘이 있는 자들 중에 선한 사람보다 악한 사람이 많아지게 되면 기본을 우습게 아는 사회 풍토가 형성이 되고 세상의 모든 기본적인 가치는 쓸모없어 보이게 만들고 악한 사람들의 가치관만이 올바른 것처럼 사회가 부패하게 된다. 그렇게 부패된 사회에서는 권력과 돈만이 최고가 되어버리고 권력이나 돈만 많이 벌 수 있다면 자신의 도덕성과 대인관계 그리고 사랑하는 것들을 전부 등져서라도 돈만 벌면 된다는 사고 주의를 갖게 된다. 또 그런 사고의 방식 속에서 자라난 사람들은 악한 사람들에게 더 쉽게 놀아나게 되고 사회의 미래는 점점 더 암담해지는 것이다. 현실도 이해하지만 세상의 최고에 가치는 돈만이 아니라는 사실을 인지해라. 돈이 전혀 중요하지 않다는 게 아니라 돈도 중요하지만 최우선 순위는 아니라고 인지하라는 말이다.

위대한 바보

● 우리는 왜 교육을 배우는가? ●

우리가 대학을 가려고 하는 근본적인 이유는 교육을 받기 위해서이다. 교육을 받으려고 하는 이유는 더 나은 인간이 되는 동시에 인류의 발전을 위해서 지식을 체계적으로 체득하기 위해서이다. 그런데 생계가 힘들어져서인지는 몰라도 교육에 대한 기본적인 관점이 틀어져있다. 대부분의 사람들이 특정 액수의 연봉이나 특정의 사회적 지위를 얻기 위해서 교육을 받으려고 한다. 그런 관점으로 공부를 하게 되면 진짜로 인간에게 필요한 지식들을 등한시하게 되고 발전시켜야 될 학문을 경시하게 된다. 경제 비용에 맞지 않는다는 이유 아래에 지난해에 내 조국에서 밀어낸 과목들만 몇 개인지 알 수도 없다. 하나의 예를 들자면 과거 미국의 자동차가 독일과 일본의 자동차와 품질과 어깨를 나란히 할 정도로 양질의 차량을 생산해냈지만 지금은 그 위세가 꺾였다. 그 이유는 경제 논리에 따라서 비용을 줄이다보니까 결과적으로 품질이 낮아진 탓이다. 결국에는 경제 논리만, 생계에만, 실용적인 것만 따지게 되면 전체적인 품질이 떨어지게 되는 것이다. 이처럼 교육도 경제 논리에 따라서 비용을 감소한다는 이유 아래에 사람에게 기본적으로 가르쳐야할 도덕과 철학 그리고 언어와 역사 등을 빼놓으려는 학교들이 얼마나 많은가?

수능 시험에 책정되지 않았다고 사람들이 무시하는 과목은 또 얼마나 많은가? 이 모든 것이 교육에 경제 논리를 끼워서 맞췄기 때문이다. 언제부터 사회 전체의 최종 목표가 명문대 졸업과 대기업 평사원이 전부가 된 것일까? 명문대와 대기업이 나쁘다는 것이 아니라 그것이 되려는 이유가 더 나은 교육을 받은 학자가 되기 위해서가 아니라 취업을 위해서이고, 대기업 평사원이 되려는 이유가 개인적인 창업을 할 때의 노하우를 배우기 위해서가 아니라 대기업 평사원이라는 타이틀을 가져야 사회에서 그나마 대우를 받으니까 들어가려고 한다는 사실에 본질을 잃어버린 것만 같아서 가슴이 아프다. 어쩌면 조국이 튼튼해지려면 가정교육부터 잘해야 된다는 옛말이 맞다. 자식들이 말썽을 부리거나 범죄를 저질러도 엇나간 부모들의 가정교육에 삐뚤어지는 바람에 젊은 세대는 '망가짐의 무서움'을 모르게 되었다. 지나친 자식보호로 이루어진 가정교육은 부모로 하여금 자식을 참을성이 없어지게 만들고, 부모가 이룬 것들을 스스로 성취해내려고 하지 않게 하며, 부모가 없을 때에 혼자서 살아가는 법을 모르게 되고, 망가진 인성에 자신을 진정으로 아껴주는 벗들을 스스로 내몰게 된다. 그러다가 주위에 자신에게 올바른 말을 하는 이가 아무도 없게 되고 듣기 좋은 말만 하는 아첨꾼들만 남게 되어서 시나브로 인생 전체가 망가지게 된다. 잘못된 가정교육은 이것뿐만이 아니다. 부모와 자식의 관계는 서로 소유하는 관계가 아니라 인연이 닿아서 만난 관계인데도 불구하고 소유하려고 들려하고 기업과 정부에 대한 과잉 충성적인 관점을 자식에게도 강요해서 자식의 꿈을 접게 만든다. 그 예로 사회의 도덕성과 직결되는 정치인, 공무원, 경찰, 법관, 의사와 같은 중요 직책을 자식에게 권유하는 이유가 세상을 더 살기 좋게 만들기 위해서가 아니라 단지 돈을 더 많이 벌게 하려는 것이 고작이다.

이런 사고방식의 문제점이 막상 자식이 노력해서 그 직업을 얻었을 적에 잘못된 판단을 초래할지도 모른다는 점이다. 지금의 사회를 보자면 남을 해치는 사람에게 많이 유리하게 돌아가고 있다. 가해자로부터 피해자를 도와줘도 법적인 처벌을 받게 되고, 신호등과 인도에서는 보행자보다 자동차의 운전자들이 더 위험하게 운전하고, 자동차 도로에서는 무단 횡단을 하는 보행자로

131

인해서 자동차의 운전자들이 살인자가 될 뻔하고, 술자리에서는 술을 강요하기 좋아하는 특정 사람들의 의사만 반영이 되기도 하고, 흡연자가 무서워 비흡연자가 돌아서 걸어야 하며, 폭력배가 원하면 물건을 강탈당해야 하고, 남을 따돌리는 사람에게 돌아가야 할 비판이 따돌림을 당하는 사람에게로 향한다. 더 소리를 잘 지르거나, 화를 내거나, 분노 조절을 못하거나, 더 폭력적이거나, 남을 괴롭히는 일을 멈추지 못하는 등 남에게 피해를 주는 사람의 의사만 반영된 사회가 된 것이다. 이 모든 문제가 악한 사람들이 조금씩 사회를 어지럽히는 걸 전혀 억제하지 못했기 때문이다.

● 윗사람이 되면 일을 하지 않으려고 하는 사람들 ●

사회의 어디를 가서든지 간에 윗사람이 되면 일을 하지 않으려고 하는 사람들이 많이 있다. 이렇게 비판하는 나도 일을 하지 않고 아래의 사람들에게 떠맡긴 적이 있지만 이런 문제는 반드시 고쳐야 하는 문제 중에 하나이다. 연장자라는 타이틀, 선배라는 타이틀을 가지고 자신이 할 일은 아래의 사람들에게 던져놓고 자신들은 일도 하지 않으면서 돈만 받으려고 하는 사람들은 자신의 직무 능력을 떨어뜨리게 만들어서 스스로 무능력자가 되어버리는 동시에 아래 사람들이 계속해서 고생하도록 만든다.

선후배가 자신의 할 일을 알아서 하는 직장 환경을 만드는 일은 오랜 기간 동안에 정성을 쏟아야 하지만 선배는 일을 하지 않고 후배만 일을 하는 환경은 단시간에 만들어진다. 일단 자신이 해야 할 업무가 한두 가지도 아니고 업무를 떠넘기기만 하는 사람이 권력을 가지게 되면 그 일터는 일하기 싫은 일터가 되어버리고 일을 열심히 하는 사람만 바보가 되어서 아무도 그 직장에서 일하고 싶지 않게 된다. 결과적으로 회사에 정말 이익이 되는 일개미들을 내쫓는 결과를 초래하고 회사에 베짱이들만 남겨놓는 바람에 이제는 베짱이들끼리도 서로 업무를 떠넘기게 되어 업무의 진행 속도에 저하를 초래하고 그것이 수익률에도 영향을 미치게 된다.

정말로 좋은 직장이란 무엇인가? 최고경영자조차도 귀감이 될 만한 자여야 하고, 회사의 임원과 직원의 꿈이 모두 존중받아져야 한다. 모두의 야근이 많은 것은 고용주가 두 명 이상이 해야 할 일을 한 명만 고용해서 해결하려는 욕심 때문이고, 소수의 야근만 많다면 그건 업무를 하지 않는 사람이 있다는 거다. 그렇다. 좋은 일터는 위아래가 상관없이 업무의 분배가 공평하면서 모두의 꿈을 존중받는 곳이다.

● 문제가 제기된 정책과 법이 계속 통과되는 이유 ●

　문제를 만든 당사자가 숨어있기 때문에 문제가 제기된 정책은 항상 시행된다. 사회에 잘못된 정책을 만들어서 이에 대해서 다수가 문제를 제기함에도 결론이 나오지 않거나 문제가 풀리지 않는 이유는 문제성을 느낀 사람이 법과 정책에 영향을 줄 수 없다는 점이다. 여기에 덧붙여서 문제를 만든 사람들은 협상 테이블에 나오지 않고 다른 사람이 대신 나와서 해명을 하기 때문이다. 진정으로 문제를 해결해야 될 사람은 항상 뒤에 숨어있으니 문제가 해결되지 않는다.

　애초부터 문제를 만든 당사자가 자리에 나오지 않고 문제와는 관련이 없는 사람이 대신 나와서 해명하기 때문에 즉, 전혀 다른 사람과 이야기를 하고 있기 때문에 그로 인해서 결론이 나질 않고 감정적인 싸움으로 번지며 대변인과 문제의 제기자가 서로 싸우는 동안에 문제를 만든 사람들이 잘못된 정책을 통과시키는 것이다. 잘못된 정책과 법을 끌어내리는 데에 수년에서 수십 년이 걸리지만 그것들을 통과시키는 데에는 수개월에서 수년이면 가능한 일이기 때문에 항상 조심해야 한다.

● 검증되지 않는 기사에 '댓글 냉각기'를 가져야 한다 ●

　　내가 좋아하는 미드 '뉴스룸'의 시즌2를 보면 주인공인 윌 일행이 잘못해서 보도한 뉴스 때문에 미국 국방부로부터 고소를 당하고 그 일련의 과정을 회상 형식으로 다루고 있다. 미군이 병사 두 명을 구출하기 위해서 사린가스를 살포했다는 제보가 들어왔고 그 작전의 이름이 제노아이다. 전쟁에서 사린가스의 사용은 전쟁범죄다. 뉴스룸 일행들은 자신들이 미군을 범죄자로 모는 것이 아닌지, 이 뉴스가 작전 진행 중에 있는 미군을 위험에 빠뜨리지 않을지에 대해서 걱정하느라고 끊임없이 조사했다.

　　그 뉴스를 조사하기 위해서 수없는 시간과 인력이 투입되었음에도 불구하고 뉴스는 틀렸다. 뉴스룸 일행이 하나의 사실을 다루기 위해서 일 년에 가까운 시간을 소비했음에도 틀린 이유는 여러 가지가 있다. 뉴스룸 일행이 오랜 기간 동안에 사실 정보를 검증했음에도 불구하고 모든 사건들이 아주 사소한 실수와 잘못들로 존재하지 않던 군사 작전이 존재하는 걸로 되어버렸다(극중에 제노아라는 작전이 있지만 전혀 다른 내용의 작전이었던 걸로 기억함). 윌 일행이 이 기사를 검증했던 기간이 약 11개월이라고 했다.

　　드라마지만 정확한 사실을 보도하기 위해서 들인 시간이 11개월이다. 그런데 우리가 이용하고 있는 인터넷은 어떠한가? 드라마 주인공들보다도 더 적은 시간으로 검증되지 않는 기사와 정보를 인터넷에 올리고 소셜네트워크에 퍼뜨린다. 소수의 기자들이 검증되지 않는 기사를 쓰고, 그 기사의 오타까지도 그대로 복사해서 업로드를 하는 기자들이 존재하고, 이제는 일반인까지도 SNS를 통해서 확인도 되지 않는 정보들을 가지고 사람들을 겁에 질리게 만든다. 순간적인 관심을 원하고, 흥분하기 좋아하고, 광고 효과를 노리고 싶어 하고, 돈을 벌고 싶어 하기 좋아하는 사람들이 검증되지 않은 정보를 이토록 무작위로 배출하다니 이제는 더 이상 그러지 말아야 한다.

내 생각에는 어떤 사건에 대한 기사가 검증이 된 상태로 나온다면 루머에 희생되면서 특정인물이 악플에 희생당하거나 오해를 받지 않을 것이다. 여기서 내가 주장하는 바는 어떤 사실에 대한 기사를 쓰거나 악플을 쓸 때에 바로 못쓰게 하는 것이다. 어떤 정보가 등장했을 때에 그 정보가 올바른지, 그른 것인지에 대해서 냉각기를 갖자는 말이다. 하루나 며칠만 기한을 늦추어도 더 냉정하고 올바른 정보를 우리는 제공받을 수 있다.

뉴스룸에서는 언론이 가진 본래의 역할은 유권자에게 정확한 정보를 전달하는 것이라고 했다. 그에 비해서 우리는 정부나 정치인들이 행하는 정책에 대해서 알기가 힘들고, 그에 대해서 사실을 전달하는 언론은 정부의 규제를 받는다.

본론으로 돌아와서 우리 사회에도 윌 일행처럼 루머나 사람들을 오염시킬만한 정보를 배제하고 사람들이 진정으로 알아야 할 다뤄지지 않는 뉴스를 전달하고 그 어떤 사실을 전달할 때에 수없이 검증하는 언론이 생기길 간절하게 희망하며 이 글을 멈춘다.

● 원자력이 우리의 미래 에너지로 적절한가? ●

나는 원자력이 우리의 미래 에너지로 적절하지 않다고 생각한다. 왜냐하면 찬성론자들이 말하는 원자력의 장점에는 함정이 있기 때문이다. 함정에 대해서 설명하려면 우선 원자력의 장점을 나열해야 한다. 원자력의 장점에는 '경제성', '안전성', '환경친화성', '계절의 무관성' 등이 있다. 첫째, 그들이 말하는 원자력의 경제성이란 원자력의 발전원가에만 초점이 맞춰져 있을 뿐 원자력에 쓰이는 우라늄의 폐기물 처리가 약 십만 년이 넘게 걸리며 폐기물을 재처리할 수 없다는 것을 감안했을 때 우라늄의 남은 매장량 60년치를 다 쓰고 나면 남은 수만 년의 시간동안은 우리 후손들이 그 비용을 부담해야 함으로 비경제적이다. 둘째, 그들이 말하는 안전성이란 원자력 발전소가 내진 설계가 잘되어져 있으며 팬텀기가 시속 500Km로 와서 충돌해도 끄떡없는 방호벽이 설치되어 있다는 것을 의미하는데 세계에서 우수한 안전성과 우리나라보다 더 강도가 높은 내진 설계와 방호벽을 사용했던 후쿠시마 원자력 발전소가 원전 사태를 겪은 것을 보면 자연재해 앞에서는 아무리 대단한 시설조차도 무용지물이 될 수 있다는 것을 보여준다. 또한 미국 펜실베니아의 '쓰리마일섬 원전사태'는 직원의 태만과 업무 미숙에 의해서 사고가 발생하였고, 우크라이나의 '체르노빌 원전사태'는 원자력 발전소 내에서 실험을 하던 도중에 실수가 발생하였고 이어서 한 번의 실수가 더 발생하자 생긴 사고였다는 것을 감안한다면 과연 앞으로 우리나라에 지어질 50여 개의 원자력 발전소의 인원들이 매순간마다 성심성의껏 안전관리에만 집중할 수 있을지 의문이다(원전 대부분에 비상발전기의 상태가 허술했다는 기사도 있었다).

게다가 수십 일 전 기사에도 나왔듯이 우리나라의 원자력 발전소에 비상발전기가 고장이 난 곳이 많았는데도 수리하지 않고 수리 예정이라는 것이 큰 문제이다. 비상발전기가 필요한 이유는 사고 발생 시에 우라늄의 열을 식혀줄 해수가 전기에 의해서 계속해서 순환이 되는데 정전이 되면 원전 사고가 일어나므로 만들어 놓은 것이 비상발전기이다. 그런데 현재 가지고 있는 비상발전기도 제대로 관리하지 못하면서 50여개의 원전을 다 제대로 관리 할 수 있을까? 그건 아니라고 본다. 그냥 월급을 받으려고 원전에 다니는 것과 사람들의 생명을 소중히 여겨서 원전을 철저히 관리하는 것에는 분명히 엄청난 차이가 있다. 이건 단순히 단순한 태만과는 비교할 수 없을 정도의 문제이다. 왜냐하면 사고 발생 시에 수많은 사람의 목숨이 위험하기 때문이다. 연쇄살인마나 테러리스트 때문에도 아닌 오로지 직원의 태만으로 인해서 말이다. 셋째, 이들이 말하는 환경친화성이란 우라늄이 화석연료에 비해서 이산화탄소 배출량이 적다는 것인데 문제는 이산화탄소 배출량이 타에너지에 비해서 적게 배출되어지는지는 몰라도 우라늄을 식힐 때 쓰이는 해수가 심각하게 오염이 된다는 것은 전혀 고려하지 않고 있다. 넷째, 찬성론자들이 말하는 계절무관성이란 태양열이나 풍력에너지와는 다르게 원자력 에너지는 계절과 상관없이 에너지를 수급할 수 있다는 주장이다. 물론 이것은 매력적인 장점이다. 하지만 정전이 일어난다면? 비상발전기가 망가져 있다면? 정전이 된 와중에 다른 원전도 정전이 된다면 제대로 된 에너지를 수급 받을 수 있을까?

그렇지 않다. 앞의 여러 반대 이유를 들었지만… 분명 원자력은 우리가 쓰는 에너지 지출에 40%를 차지하고 있으며, 다른 미래 에너지의 개발은 미미한 수준이고, 일본을 추월할 수 있는 유일한 기회라는 점에서 원자력은 우리에게 충분히 매력적인 에너지이다. 하지만 우리 세대와 직계 자식 세대를 제외한 후손들은 막대한 양의 핵폐기물의 처리비용을 세금으로 부담해야하며, 안전성은 시설이 안전하다고 해도 인재에 의해서 초래될 수가 있고, 바다의 환경은 심하게 오염이 되며, 정전이 되었을 때에 에너지를 공급해주는 원전 자체가 멈출 수 있는 위험성이 있다. 그러므로 원자력을 하지 말아야 한다. 이쯤이 되면 그렇다면 혹자는 원자력의 빈자리는 어떻게 채우느냐고 반문할 수가 있다. 그 전에 점검해야 될 문제부터 보자.

1) 우리가 왜 원자력 발전소를 급하게 지어야 하는가?

- 에너지가 부족하기 때문에.
- 정치적으로 일본을 추월하기 위해서.

2) 에너지는 왜 부족한가?

- OECD의 국가 중 수입 대비 에너지 지출이 가장 많기 때문이다.
- 국민이 사용한 전력보다 공장에서 소비된 전력이 더 많다.

3) 일본을 추월하기 위해서 원자력 발전소를 지어야 한다?

- 지금 당장은 추월할 수 있을 지도 모르지만 우리나라도 원전 사태가 일어나지 말라는 법은 없다. 그리고 이러다 보면 원자력 에너지의 의존도가 높아져서 다소의 위기 상황이 발생될 수 있는 일종의 딜레마에 빠질 수도 있다. 정치와 원전 문제는 분리해야 된다. 분명히 일본이 우리나라를 수십 년에 걸쳐서 약탈하여 강대국이 된 것은 사실이고 사과를 하지 않는 다는 점에서

우리나라가 일본을 싫어하는 것은 인정한다. 하지만 그렇다고 해서 경쟁의 심리에 눈을 멀어서 숲을 보지 못하고 나무만 보는 일은 없어야 한다. 일본의 아픔을 비웃지 말고 우리도 진지하게 받아들여야 한다는 것이다. 그렇지 않으면 언젠가는 일본의 험한 세력이 우리의 원전 사고를 비웃을 날이 올 것이다. 그리고 위에서 나열한 것과 같이 자체 에너지가 거의 없는 우리나라에서 너무나도 많은 에너지를 무분별하게 사용하고 있다. 에너지를 남용하는 우리의 습관을 고치고, 시간이 더 걸리더라도 다른 청정에너지를 개발해야 한다. 숲을 보며 후손들을 위해서 불안한 원자력 대신에 안전하고 새로운 청정에너지를 개발해야만 한다.

+ 추신 : 여기에 그 청정에너지의 개발에 대한 대책으로 제2의 석탄·석유기 조성을 제시해본다. 지금 당장 우리가 쓸 에너지가 아니라 미래의 후손들이 쓸 에너지를 준비해야 한다.

● 국민을 우습게 아는 국가에 충성할 이는 없다 ●

　　예나 지금이나 권력가 중에 부패한 이들을 보자면 자신들이 고의로 잘못해서 이득을 취해놓고 그것이 덜미가 잡혔을 때에 잘못에 책임을 진짜로 지는 것이 아니라 겉치레로만 책임을 지려고 한다는 점이다. 겉치레로 처벌을 받으려고 하는 의도는 자신들이 실제로 잘못한 것이 없다고 생각하는 동시에 부패로 돈을 버는 것이 당연하다고 여기는 오만함과 경솔함에서 나온 것이다. 소위 '보여주기식 처벌'이 가능한 것은 법이 우습기 때문이다. 거기에다가 법을 다루는 자는 스스로가 틀릴 줄 모른다고 착각하기도 하기 때문에 이 모든 부패가 가능해진다.

　　요즘에 보면 제품이 품질은 낮은데 가격이 높아지는 이유는 국민들이 비싼 것이 아니면 안사기 때문이라고 국민의 탓을 돌리거나, 굳이 한 번 이상은 살 필요가 없는 제품들을 꼭 필요한 제품이라고 여기게 만들거나 안사면 다른 소비자들에 비해서 월등히 낮은 조건의 상품을 쓰게 만들어서 억지로 제품을 사게 만들어서 큰 비용을 더 빠르게 소비하게 만들어서 기업만 배불리고 국민의 소비에 악순환을 가져다주어 담합을 공공연히 만들어내고 자유경제를 우습게 만들어서 가격을 고정시키고 모든 유형·무형의 제품들의 경쟁력을 떨어뜨리는 동시에 경제 악순환을 초래해 저축률을 떨어뜨리고 생계비용을 높이고 결혼을 두려워하게 만들어서 출산율을 떨어뜨리는데 그리고는 서민 경제가 나빠지는 것은 '국민의 탓'이라고 하고 기업들의 제품들이 팔리지 않는 것 또한 애국심이 없는 '국민의 탓'이라고 하니 화가 난다.

　　국민은 조국 자체에 충성하는 자이지, 일부의 기업과

집권당에 충성하는 자가 아니다. 모든 국민의 경제가 아닌 10퍼센트의 경제만 신경을 쓰면서 애국심만큼은 부디 더럽히지 말았으면 한다.

인생의 정답은 없다. 그렇지만 어떤 사람은 인생을 잘 살았다고, 또 어떤 사람은 인생을 못살았다고 평가를 받는다. 어떻게 하면 좋은 인생을 살 수 있을까에 대해서 끊임없이 고민해봤다. 내가 인생을 완벽하게 살려고 하다보다가 느낀 점인데 오히려 자신을 틀릴 수 없는 사람인 줄 알게 되며 실수를 감추려다가 더 많은 잘못을 하게 되었다. 그래서 나는 내가 불완전한 인간이라는 사실을 받아들이고 실수를 덜 하는 삶을 살기로 결심했다. 살아가다가 실수를 하는 것은 어쩔 수가 없다. 중요한 일은 내가 저지른 실수에 대해서 어떻게 책임을 지느냐가 문제이다. 이 챕터는 어떻게 하면 내가 죽을 때까지 하나라도 덜 실수하는 삶을 살 수 있는지에 대한 나의 고민들을 담았다.

● 도움에는 원망이 없어야 한다 ●

남을 도와주고 나서 대가를 바라지 말자. 대가를 전제로 한 도움은 상대방에 대한 기대감을 만들고, 이러한 기대는 상대방에 대한 원망을 낳는다. 원망이 생기면 상대방과 소원해지기 마련이다. 왜냐하면 상대방은 정말 순수하게 도움만을 원했기 때문에 당연히 대가를 지불할 생각을 하지 않을 가능성이 높다. 이러한 이유들 때문에 도움을 준 사람이 대가를 바라면 도움을 받은 사람은 자연스레 그것에 부담을 느끼게 되고 한쪽에는 원망이, 상대편에는 부담이 생기게 되므로 서로 관계가 좋아지지 않을 수밖에 없다. 물론 도움을 받은 사람이 고마워서 작은 감사의 표시로 선물을 준다거나 밥을 한 끼 사는 정도는 가능할지도 모른다. 하지만 이런 것들이 반드시 도와준다고 해서 오는 결과물이 아니기 때문에 웬만하면 도움을 주고 나서 결과를 바라지 말아야 한다. 그러면 자연스럽게 남을 원망하지 않게 된다. 여기서 마지막으로 물론 아무런 대가도 없이 순수하게 도와줬는데 상대방이 대가를 바랄까봐 자신을 부담스러워 한다면 오해를 직접 풀거나 아님 그대로 부담감이 사라질 때까지 내버려 두면 된다.

145

● 돈만 많이 받으면 난 나쁜 일을 해도 되는 걸까? ●

　예전에 누군가 나에게 몇 억을 주고, 고급 외제차를 주면 자신이 시키는 대로 다할 수 있냐고 물었다. 그는 나에게 성매매 업소를 맡기면 그걸 운영하거나 자신의 죄를 뒤집어쓰고 감옥에 갈 수 있냐고 물었다. 당연히 나는 싫다고 했다. 그 사람은 머리가 좋은 사람이었다. 내가 무언가 잘못되었다는 걸 느꼈지만 그에 대해서 어떤 점이 정확히 잘못되었는지를 대답하지 못하면 날 지속적인 질문으로 곤란하게 만드는 사람이었다. 그는 지금은 네가 안하겠다고 말하지만 나중에 네가 먹여서 살려야 할 가족이 생기면 그 제안을 거절할 수 없을 것이라고 했다. 가족은 소중하지 않느냐고 물었다. 그 당시에 나는 무엇인가 잘못되었다는 걸 가슴으로 느꼈지만 머리로는 이해하지 못해서 아무런 대답도 하지 못한 채로 그 대화를 마친 적이 있다. 그런데 지금은 그 대답을 할 수 있다. 가족이 중요한 일과 가족의 생계를 어떻게 책임질까에 대한 문제는 서로 다른 주제였으며 가족의 생계를 굳이 범죄로 마련할 필요가 없다. 그리고 여기에서 한 가지 더 짚어봐야 할 문제는 그 정도의 돈과 차를 제공할 정도의 능력을 가진 사람이, 더군다나 그것들을 스스로 얻어낼 정도로 능력이 있는 사람이라는 가정 하에 그의 인성과는 별개로 머리가 똑똑한 사람이다. 그렇게 돈에 밝은 사람이 그 정도의 돈과 차를 주고서라도 피하고 싶은 일이 바로 자신의 인생에 빨간 줄을 긋는 행위이다. 그는 감옥에 들어가지 않는 일이 수억과 고급 외제차보다 더 값진 것이라는 걸 알고 있었던 것이다. 물론 이건 거의 반농담에 가까운 대화였지만 만약에 누군가가 당신에 나와 같은 제안을 내민다면 정중히 거절해라. 돈에 밝은 사람조차 수억보다 형을 피하는 걸 더 중요하게 여기니까 말이다.

● 중독을 두려워하는 마음 자세를 가지자 ●

나는 세상살이가 아무리 힘이 들어도 그걸 술이나 담배에 의존하지 않는다. 술이나 담배를 하는 사람들을 우습게 생각해서가 아니라 내가 물질에 의존하지 않는 사람이 되려고 노력하기 때문이다. 고작 내 나이가 스물다섯에 불과하지만 나는 많은 사람들을 보았다. 사람들이 중독을 끊고 싶다고 생각하면서도 그로부터 벗어나지 못하는 이유는 마음의 공허함을 그것으로 달래기 싫기 때문이다. 그렇다. 중독은 마음으로부터 기인한다. 삶을 살다가 위기가 찾아올 때에 그걸 정신력으로 견디지 못하고 다른 것에 의존하게 되면 될수록 다음 위기가 찾아왔을 때에 그 의존도는 더 커질 수밖에 없으며 어느 순간에는 그 어떠한 가치로도 공허함을 달랠 수가 없는 시기가 올 것이다. 그러면 어떤 방법을 사용해서든지 간에 쾌락을 더 많이, 더 자주 찾게 됨으로써 스스로 위기에 약한 사람이 되는 것이다. 나는 내 주제를 알아서 쾌락에 맛을 들이면 그것으로부터 벗어날 수 없다는 것을 안다. 그래서 쾌락을 멀리하려고 한다. 나라고 힘들지 않은 법은 없으며, 물질에 대한 호기심과 욕심이 없는 것도 아니고, 성욕이 없는 것도 아니다. 심지어 누가 나에게 말했던 것처럼 내가 고상해서도 아니다. 단지 겁쟁이라서 그렇다. 그래, 내가 만족하지 못하는 사람이 될까봐서 난 너무나도 두렵다. 내가 사랑하는 사람들을 간접흡연으로 해치게 하거나, 만취 상태로 싸움을 일으키거나, 마약에 빠져서 같이 끌어들이거나, 성욕에 취해서 내 여자로만 만족하지 못하게 되어 바람을 필까봐서 너무나도 무섭다. 오직 무서움, 그뿐이다. 나는 내가 만족하는 법을 잊는 사람이 되어서 진정으로 가치가 있는 사람들이 모두 떠나면 어쩌나하는 불안감에 쾌락을 멀리하는 것이다. 그러니 부디 모두에게 부탁하고 싶다. 날 시험할 수 있어도 시험에 들게 하지 말았으면 한다. 장난치려고 하는 말이 아니다.

● 나의 성을 팔지 말아야 하는 이유(범죄의 사건 지평선) ●

    사람이 비양심적인 일을 하는 건 처음만 어렵고 그 이후는 어렵지 않다며 어른들은 종종 말한다. 자신의 몸을 팔지 말아야 하는 이유도 그와 같다. 성매매는 자신의 사회 이미지와 직결이 되는 일이다. 했다는 사실만 알려져도 대외활동을 하기 힘들다. 모든 범죄도 그와 같은 맥락이다. 범죄자들이 궁극적으로 두려워하는 건 사람들이 자신들을 괴물로 보는 걸 두려워한다. 그리고 그 범죄에 연관된 사람은 범죄자들을 협박할 수 있는 무기를 쥔 셈이다. 범죄자는 자신의 범죄행위가 드러나지 않길 바라고 협박하는 사람은 범죄자에게 특정한 이익을 바라기 때문에 범죄행위를 발설하지 않는다.

    이런 특수성은 마치 물리학에서 나오는 사건 지평선과 같이 외부 관찰자는 사건에 대한 관찰이 힘들고 내부 관찰자만이 내부의 사정을 알게 되기 때문에 감추려다 일이 커지고 더 부패되는 것이다. 결국에는 자신이 성매매를 한다면 성을 산 사람이든, 중간에 연루된 사람이든 간에 자신의 범죄행위가 노출되기 마련이고 스스로 협박당하는 을의 위치에 놓이기 때문에 성매매를 하지 말아야 하는 것이다. 예전에 내가 13년도에 무명 쇼핑몰 모델의 서류면접을 통과해서 2차 면접을 보러 갔을 시절에 면접자가 촬영을 담당하는 사람의 성격이 난폭한데 그쪽은 마음이 여리신 것 같으니 하지 않는 게 낫다고 충고하면서 자신의 친구가 보도방에서 일하고 있는데 요즘 사람을 구하고 있다며 당신의 정도면 스킨십이 없이 차만 마시는 걸로 시급 약 3만원을 주겠다고 했었다. 그때의 당시에 백수였기 때문에 돈이 절박했었지만 거절했다. 만약에 내가 그때의 제의를 받고 일을 했었다면 아마도 나는 평생 협박당하면서 사는 사람이 되지 않았을까? 이 글을 읽는 사람 중에 만약에 자신이 약점이 잡혀서 협박을 당하고 있다면 감히 단언하는데 자신의 잘못을 공개해서 수많은 굴욕을 당하는 일이 평생 협박받으면서 사는 것보다는 천배는 나을 것이라 조언한다.

150

● 내 가족이 범죄를 저지르면 어떻게 대처해야 하나 ●

내 가족이 범죄자라면 나는 어떻게 대처해야 할까? 이는 심각한 문제다. 우리나라에서 가해자들이 위세가 등등한 이유 중에 하나가 바로 그들의 가족들이다. 가족이라는 이유만으로 범죄를 덮어주려고 하기 때문에 가해자가 자신의 잘못에 대해서 별로 심각하게 느끼지 못하게 된다. 그로 인해 오히려 피해자와 그의 가족에게 더 큰 상처를 남긴다. 만약에 내가 힘이 강해서 가족의 범죄를 덮을 수가 있어도 가해자가 죗값을 치르도록 해야 한다. 범죄를 저지르고도 무사히 넘어가게 되면 그 사실을 보고 또 다른 범죄를 저지르게 된다. 얇은 매는 자식의 바른 인생을 망치는 것이다. 가해자의 곁에 아무도 남지 않게 되었을 때에 혼자 살 수 있는 힘을 기를 수 있도록 죗값을 치르게 해야 한다. 그리고 피해자의 억울함을 풀어야 하는 것이 핵심이나 그걸 받아들였다면 세상에 억울함이 없었을 것이다. 그래서 다른 관점으로 얘기해주자면 내가 할 수 있다고 해서 남을 해쳐도 되는 건 아니다.

151

● 내가 범죄를 저지르게 됐다면 어떻게 해야 할까? ●

우리는 살아가면서 자신에게는 나쁜 일이 생기지 않을 것이라고 생각하게 된다. 그런데 만약에 내가 범죄를 저지르게 되었다면 난 어떻게 처신해야 될까? 내가 곰곰이 생각해보니까 가장 먼저 해야 할 일은 '범죄의 사건 지평선'을 만들지 않는 것이다. 첫 챕터인 '과학'에서도 설명했듯이 사건 지평선은 내부에서 일어나는 일은 내부에서만 관찰이 가능하고 외부의 관찰자가 내부를 볼 수 없게 되는 것을 뜻한다. 내가 이를 범죄에 빗대어서 표현한 것인데 범죄자가 범죄를 저지르게 되는 순간에 운이 좋게도(실제로는 좋은 것이 아니다) 법의 눈을 피했다하더라도 범죄자는 범죄를 저질렀다는 사실을 숨기는 입장이 될 것이고 이를 숨기기 위해서는 무슨 일이든지 하게 될 것이다. 이 과정에서 범죄의 목격자, 공범자, 우연히 알게 된 사람이 등장할 것이고 이는 약점이 되므로 범죄자는 범죄의 사실을 알고 있는 사람에게 잡혀서 사는 꼴이 된다. 한 번의 범죄 사실로 인해서 평생 동안에 부당한 요구를 강요당하거나 심지어는 이를 참지 못하고 또 다른 범죄를 저지를지도 모른다. 이 모든 일이 외부에 알리지 않으려다가 고생을 하는 것이다. 그러니 우선 범죄를 저지르게 되었다면 그 사실을 인정하고 죗값을 먼저 치루는 게 좋다. 범죄가 이미 벌어진 시점에서 떠나갈 사람도 있겠지만 죗값을 치루고 피해자에게 진심으로 사과하고 노력하는 모습을 보인다면 여전히 옆에 남아줄 사람은 있을 것이다.

● 나는 살아서 행복해지고 싶다 ●

만약에 세상을 살면서 억울한 일을 많이 당한 사람이 있다고 가정하자. 그 사람은 너무 세상에 화가 났지만 한 종교인을 만나게 되었고, 그 사람이 종교를 가지고 나면 신이 나중에 당신을 천국에 보내주고 당신을 괴롭힌 자를 지옥에 보내준다고 했다고 하자. 그런 줄 알고 당신은 아무리 억울한 일을 당해도 그저 참고 당해주며 살았고 마침내 죽었는데 만약에 신과 사후사계가 없다면. 그 사람이 살아서 당한 모든 불합리한 일들에 대한 보상은 누가 해주는가? 그리고 그 사람을 등쳐먹은 사람들은 누가 처벌하는가? 어떤 혹자들은 아무리 나쁜 짓을 당해도 죽어서 행복할 것이니 살아서의 고통을 그냥 참으라고 말하지만 우리가 살고 있는 평행의 우주가 신도 없고, 사후 세계도 없는 곳이라면 난 살면서 행복해지고 싶다. 아니 신이 있어도 인생동안에 행복한 상태로 살고 싶다. 그리고 남을 등쳐먹은 사람들은 왜 살면서 행복해야 하는가? 살아서나 죽어서나 불행해야 되는 것이 아닌가? 왜 모든 걸 이해해주는 사람이 더 피해를 보도록 사람들의 인식을 몰아가는 것인지 공감이 가지 않는다.

종교가 가진 최대의 약점은 사이비가 종교를 믿는 척하고 안으로 숨어들고 같은 종교인들을 현혹시켜서 많은 사람들에게 온갖 나쁜 짓을 저질러도 막거나, 처벌을 내리지 못한다는 점이다. 스스로에 깃든 부패를 바로 잡으려면 종교인들을 바보라고 생각하고 속이길 원하는 사기꾼들을 제대로 처벌해야 한다. 인도주의와 박해주의가 인간에게 가장 이상적이지만 현실을 전혀 고려하지 않고 있으며 이것만이 정답이 아니다.

심지어 신이 존재한다고 해도 왜 선한 사람들이 불행하게 살아야 하는가? 현대 시대에 종교의 역할이 모든 이들을 선하게 만드는 것이 아니라 악한 사람들이 선한 사람들을 공격하고 잘못된 인식을 주입시켜서 이용하고 속이는데 이에 동조하는 것은 아닐까? 악한 사람들이 선한 사람들을 상처내면서 선한 이들이 고통을 받고 죽으면 보상받을 거라는 믿음 그 하나로 선한 이들이 잘못된 일을 바로잡을 생각을 하지 못하게 막고, 악한 사람은 어떠한 책임도 지지 않도록 도와주는 것이 아니냔 말이다. 나는 신이 있든, 없든 간에 살아서 행복해지고 싶다.

나와 내가 사랑하는 사람들을 포함해서 세상에 있는 모든 사람들이, 심지어 악한 이들도 진정한 의미로 평화와 사랑이 충만한 삶으로 가득차길 거짓이 없이 소망한다. 나는 종교가 자신의 잘못에 책임을 지지 않는 사람들을 돕지 말고 선한 이들로 하여금 불합리한 일에는 맞서서 바로잡도록 교육시켜야 된다고 생각한다.

● 내가 싫어하는 것들 ●

　뉴스룸을 본 이후로 나는 어떠한 일에도 확신을 갖지 않는 것이 얼마나 중요한지를 알았고 추정과 의심은 하되 그 문제에 대해서 확신을 갖지 않는 관점을 얻게 되었다. 수많은 국가들이 국민으로 구성되어 있고 정부는 그런 국민 대신에 정치적인 역할을 하는 보조 기관임에도 불구하고 국민보다 정부가 더 우선시되는 현상을 보면서 정부가 죽어도 국민이 살면 나라가 살지만 정부가 살고 국민이 죽으면 나라가 망한다는 걸 깨닫고 그걸 싫어한다.

　나는 싫어하는 것이 많은 사람이다. 사이비와 다단계가 세상의 나쁜 점만 부각시켜서 망하지도 않은 세상을 망했다고 착각하게 만들어서 사람들로 하여금 세상에 있을 여러 해답들을 볼 수 있는 힘을 빼앗고 오로지 자신들만이 살아남는 길이라며 순진한 사람들을 겁주고 속여서 자신들의 집단이 왜곡된 기득권을 누리고 또 이용해먹는 걸 싫어한다.

　또한 유교 사상의 잘못된 점을 빼고 좋은 점만 가르치고 다수의 의견과 다르면 틀린 것으로 만드는 점도 싫다. 아래 사람이 윗사람에게 하는 공경만 강조해서 사람이 나이가 들거나 권력을 잡게 되면 공정성과 평정심을 잃고 더 쉽게 부패되는 일도 싫고 그 부패에 찌들어서 일종의 전관예우를 들먹이며 자기 일을 책임지지 않고 아랫사람에게만 떠넘기는 자들을 싫어하고 정치색이 강한 사람을 싫어하며 세상의 여러 가치들을 쓸모없다고 생각하게 만들어서 돈만이 최고라고 여기게 만들어 돈으로 젊은 남녀를 농락하는 자들과 그들의 잘못된 점을 알고 방관하는 기득권층을 싫어하며 침략 전쟁 주의자들을 경멸한다.

자국민을 외/내국 범죄자들의 희생양이 되도록 방관하는 무책임한 외교 기관과 사법 기관도 싫어하며 값을 올리는 타당한 근거도 없이 '한국 사람은 비싸지 않으면 물건을 사지 않는다'라는 공식을 만들어서 모든 한국인들이 비합리적인 소비자라고 책임을 다 떠넘기는 기업이 싫다. 그리고 또 그 기업이 제품의 가격을 낮출 생각을 하지 않고 자국민의 재산을 축내는 기업들과 이를 국가경쟁력 상승이라고 거짓말하면서 뒤를 봐주는 정부도 싫다. 정부와 부자에게 잘보이려고 아부를 떨거나 선동하는 사람도 싫고 그런 내가 싫어하는 모든 사람들 앞에서 문제를 지적하지 않고 나 혼자 편하자고 사는 나, 자신도 싫다.

　　문제를 해결하려는 정치가 아니라 의석을 채우기 위한 정치를 하여 어떤 사람이 하는 일에 잘한 일도, 못한 일도 있는 것인데 그것을 정치적인 이익을 위해서 한 사람을 좋은 사람 혹은 나쁜 사람으로 매도하는 정치인들과 그들의 손에 놀아나는 사람들도 마음에 들지 않고, 자기가 싫은 사람에 대한 분노를 남에게도 강요해서 한사람을 왕따로 만드는 선동자들도 증오한다. 잘잘못을 알면서도 수익이나 정치 목적으로 한 사람을 쓰레기로 몰고 가는 언론과 SNS를 다루는 사람을 싫어하며 그것들에 동조해서 한 사람의 인생을 짓밟아놓고는 '아니면 말고'라는 식의 무책임한 행동을 하는 인간들도 싫다.

　　사람들이 지급받는 돈의 가치 이상을 넘어서 기업에 충성하게 만드는 바람에 자신의 인생을 사랑하는 사람들과 노후에 투자하지 못하게 만드는 기업과 정부에 대한 과도적인 충성이 싫고 기득권이 형성한 학위나 직업을 얻지 못하면 인생이 끝난 것처럼 계급을 나누어서 사회의 성장을 멈추게 하는 고정관념도 마음에 들지 않는다. 죄를 짓고 처벌받지 않는 사람도 싫고, 자신도 성공을 못해놓고 남을 질투심에 지나친 간섭을 하는 사람도 싫다. 그리고 그 모든 것에 싸움이 싫어서 이를 지적하지 않고 넘기는 내 자신도 싫다. 올바르지 못한 건 그저 올바르지 못할 뿐이고 내가 하는 건 내가 보이는 것에 대해서 말해야 하는 것인데 나에게 올 불이익이 두려워서 입을 다물고 있는 것도 마음에 들지 않는다.

● 사람에게 위아래가 없지만 내 사람들을 위해 고개를 숙이자 ●

상위 계급자가 잘못에 대한 책임을 자꾸 알바들에게 전가하는 것에 불만을 품은 내가 이를 참다가 못해서 의의를 제기하면서 싸우자, 어떤 누나가 웃으면서 내게 너무 겁이 없다고 말했다. 지금도 고상한 척하지만 과거에는 얼마나 고개가 뻣뻣했는지 모르겠다.

지금에 와서 생각해보면 나는 틀리지 않았지만 어차피 사회생활이니까 '내가 지고 말지'라고 생각했겠지만 말이다. 내가 왜 이렇게 겁이 없는지에 대해서 곰곰이 생각해 보았다. 다른 사람들처럼 아부도 잘 떨지 않고, 분위기를 맞추려고 어떠한 노력도 하지 않는 이유는 아무래도 인간은 불완전한 존재이고 평등해야 되는 존재라는 사실을 깨달았기 때문이다.

그냥 허무맹랑한 이상주의자라고 하면 할 말은 없지만 그렇게 따지면 경제적으로 성공한 사람들이나 현대 정치로 성공한 사람들은 시대를 잘 타고난 사람이지 않은가? 부자가 아무리 돈이 많아도 계급이 갑이었던 조선시대에 태어났거나 성공적인 현대의 정치인이 북한에서 태어났다면 현실을 탈피할 생각도 못하고 생업에 대한 걱정만 하다가 죽었을 것이다. 그렇다고 내가 그들보다 더 뛰어나다고 얘기하는 것은 아니다. 말하는 것을 봐라. 불특정의 다수가 읽게 될 책에 이정도로 얘기하는 성격이다.

중세 시대에 서양에서 태어났거나 조선 시대에 조선에서 태어났으면 나는 백퍼센트의 확률로 사형이다. 나도 부자들과 정치인들처럼 운이 좋아서 좋은 시대에 태어나서 하고 싶은 말을 다해도 목숨이 붙어있는 것이다. 어차피 나는 언제든지 틀릴 수 있는 사람이며 내 잘못을 바로잡으려고 노력할 사람이기 때문에 자신이 틀릴 수 없다고 생각하는 거만한 이들이 자신의 수준에서 머물러 있을 적에 나는 죽기 직전까지 노력해서 그들보다 더 나아지는 것을 목표로 하고 있다.

그렇기에 나는 권력자들을 속마음으로 무서워하지 않는가보다(실제로 만나면 겉으로는 무서운 척을 한다, 얼마나 위선자인가?). 어차피 죽고 나면 세상에 나의 이름으로 남길 수 있는 것은 물질을 초월한 것들이다. 생각이나 사상 같은 것들 말이다. 살아서는 물질의 부족으로 삶에 허덕이겠지만 죽고 나면 인류에 지속적으로 영향을 끼치려는 사상 혹은 시스템을 남기려고 하는 내가 최후의 승자라고 생각한다.

솔직히 누굴 이길 필요도 없지만 말이다. 예전에는 권력자가 잘못된 일을 하면 그것에 대해서 거침없이 말해야 된다고 생각하고 실제로도 실천해서 상사와 자주 싸웠지만 그런 내 성격이 내가 아끼는 주변 사람들도 힘들게 한다는 사실을 알고 나서 정말 내가 죽기보다 싫어하는 행동을 하지 않는 이상은 참고 넘어간다.

거시적인 관점에서 봤을 때에는 상사가 잘못된 일을 지속적으로 해서 스스로 대인관계를 망치고 업무의 태만으로 부서의 업무에 방해가 되니 애초에 스스로 깨닫게 해서 업무가 제대로 순환되게 해야 하는 것이 정도에 가깝지만 나의 주변 사람들도 나만큼 중요하기 때문에 때때로는 억지로 고개를 숙이기도 한다.

8장
침략 전쟁을 하려는 사람들에게 보내는 편지

만약에 당신이 전쟁을 벌인다면 전쟁에 대한 결심을 굳혔거나 아직 망설이고 있는 중이겠죠. 당신이 어느 쪽에 속해 있는 사람이든 간에 나, 그대에게 전하고 싶은 한 가지가 있어요. 권력자에게 충성하지 말고, 지금 당장 자신의 인생에 충성하세요. '충성'이란 단어가 거의 맹신적으로 좋게 포장되어있지만 충성이 없이는 군대가 형성이 될 수가 없으니 전쟁도 일어날 수가 없죠. 침략 전쟁을 도모한 이가 혼자서 국가 전체를 상대할 수 없을 테니까 말이에요. 전쟁주의자들이 당신을 살인자로 만들려고 한다면 '나를 살인자로 만들지 마세요'라고 말하면서 집으로 돌아가세요.

머리에 쓴 방탄과 두 손에 쥔 총을 내려놓고 전화기를 들어서 약속을 잡으세요. 연인, 가족, 친구들 중에 그 누구라도 좋아요. 당신이 사랑하는 사람들과 함께 하세요. 연인과 사랑을 나눠도 좋고, 가족과 재밌는 영화를 봐도 좋고, 친구와 게임을 하거나 술을 마셔도 좋아요. 제발 다른 사람의 명분이나 권력 유지에 당신의 인생을 허비하지 마세요. 조국에 대한 충성과 침략 전쟁의 참가는 전혀 다른 문제이죠. 전쟁주의자들은 극단적인 것만 이용하려고 하기 때문에 당신을 도발하겠죠.

당신은 국가에 충성하지 않는 것이라고. 하지만 그런 같잖은 도발에 넘어갈 필요는 없죠. 당신의 조국은 국민의 전체이지, 전쟁을 일으키는 세력에 그 자체가 국가는 아니에요.

전쟁주의자들을 위해서 자신의 인생을 허비하기에는 오늘은 너무나도 아름답죠. 부디 당신이 사랑하는 사람들을 연인이 없는 사람과 가족이 없는 사람 그리고 친구가 없는 사람으로 만들지 마세요. 그들에게 '죽은 당신'이 아니라 '살아 갈 당신'을 선물하세요. 그래요. 지금 총을 내려놓고 살아있는 당신을 사랑하는 사람들에게 선사하기 위해서 전쟁터를 떠나세요.

● 분쟁에 대한 고찰 ●

만약에 필자가 글만 쓸 경제적 요건이 된다거나, 게임의 양을 줄였다면 더 좋은 양질의 글들을 끊임없이 기계마냥 생산했을지도 모른다. 어쨌거나 나는 항상 쓰고자 하는 내용의 주제를 머릿속에 계속 가지고 있고 그 글을 기록으로 남기고 싶어 했다. 적게는 몇시간에서 많게는 수년 동안에 다듬어진 내 생각들이 인류나 세상에 도움이 될 것이라고 굳게 믿고 있기 때문이다. 그런 사고방식으로 인해서 언제부터인가 이 일을 나의 사명으로 생각하고 있고, 다른 사람들의 고정관념을 부수고 더 나은 생각을 할 수 있도록 자극하기 위해서 계속해서 글을 써야한다고 여기고 있다.

아직도 내 머리 속에는 쓰지 못한 글들이 너무나도 많고, 연구하고 싶은 철학적 문제들도 넘쳐난다. 만약에 아직 쓰지 않은 글들 중에 사회에 정말 도움이 되는 글이 있으면 '어떻게 하지?'라는 고민이 있기 때문에 내가 불의의 사고로 죽거나 수명대로 죽기 전에 더 많은 글들을 남기고 싶다. 이번 주제의 글도 마찬가지이다. 이것은 필자가 수년 전부터 쓰기로 마음먹었었고, 주제는 정했지만 해답은 찾지 못한 상태였다. 그러다가 이번 해 초쯤에 스스로 무슨 말을 하고 싶은지를 깨달은 후에 글을 쓰기 귀찮아서 오랜 기간 동안 쓰지 않았다가 드디어 쓰는 글이다.

1) 지나친 확신과 신념은 분쟁을 만든다

분쟁의 사전적 의미는 '말썽을 일으키어 시끄럽게 복잡하게 다툼'이다. 우리는 항상 다툰다. 싸움은 왜 계속해서 일어날까?

그건 아마도 우리의 생각이 전부 다 다르기 때문일 것이다. 사람은 사람마다 자라온 환경이 다르며, 그 속에서 얻는 인생에 대한 가치관과 답이 다르다. 자기의 삶과 행동에 너무나도 큰 확신을 가지고 있는 사람이 때때로 다른 사람들의 생각과 행동을 무시하기도 하고, 자신의 생각이 옳다는 것을 증명하기 위해서 남을 욕하거나 심지어 죽이기도 한다.

(필자가 공산당을 싫어하는 이유는, 공평한 사회가 싫은 것이 아니다. 그들의 전쟁 전략에 대부분이 상대방을 농락하는 기만전술을 주로 사용하고 있고, 자신들의 생각을 강요하며, 자신들과 생각이 다르면 그것이 옳든 틀리든 간에 타인을 쉽게 죽이기 때문이다.)

우리는 인생을 살다가보면 자신의 생각과 행동에 너무나도 큰 확신을 가지고 있는 사람들을 많이 만난다. 이런 사람들은 주로 정치나 종교 쪽에서 자신에 대한 확고한 생각을 내세운다. 그런 생각이 나쁜 것은 아니지만 자신이 옳다고 증명하기 위해서 혹은 우기기 위해서 타인을 욕보이고, 기꺼이 해치려는 것이 문제이다. 그들이 간과하는 가장 커다란 점은 '자신들이 인간'이라는 점이다. 인간은 전지전능한 존재가 아니다. 때론 실수를 한다. 왜냐하면 인간은 불완전하기 때문이다. 인간이 불완전하기 때문에 언제든지 그들 스스로가 옳다고 여겼던 행동과 생각이 틀릴 수 있음에도 자신과 종교색 혹은 정치색이 다르면 상대방을 노골적으로 혐오하고, 온갖 나쁜 형용사를 갖다가 붙인다. 아무리 올바른 개념의 이론을 가지고 있어도, 그 사람이 그 이론을 세상에 통용시키기 위해서 남을 해쳤다면, 그 순간부터 수단이 목적을 더럽혔기 때문에 정당성이 무너지게 된다.

2) 신념은 좋은 뜻만 가지고 있지 않다

신념은 무언가를 '굳게 믿는 마음'이지, '올바른 것을 믿는 마음'이 아니다. 그동안에 우리가 읽어왔고 경험해왔던 수많은 문학들과 영화들 속에서 묘사되어져 왔던 영웅들의 모습이 종교나 조국에 의심을 품지 않거나, 목숨을 기꺼이 버리는 모습이었기 때문에 사람들이 그것을 멋있다고 생각할 뿐이다. 그리고 그런 영웅들은 대부분 침략 전쟁을 일으킨 존재가 아니라 수호 전쟁을 하는 존재였기 때문에 멋있을 수가 있는 것이다.

(올바른 애국심과 신념을 제외하고는... 대부분의 신념들은 크게 왜곡되어 있다고 생각한다. 너무 지나치게 믿어버리다 보면 사실을 무시하게 된다.)

하지만 멋있다는 것은 멋있다는 것이지, 멋있는 행동이 올바른 행동은 아니다. 가령 한일강제합병 때 조선 양반들이 자결했던 일들을 예로 들어보자, 일제한테 나라를 빼앗겼다고 일본을 따를 수 없다며 자살했던 양반들을 보고 어떤 이들은 나라를 사랑했다고 보지만 필자는 개인적으로 좋지 못하게 봤다. 왜냐하면 일본을 섬길 수가 없었고, **나라를 사랑했다면 겉으로는 비겁하게라도 살아남더라도 몰래 항쟁을 했어야 옳다.** 자결을 한 것은 책임과 두려움에 대한 회피이지, 문제 해결에 대한 해결책이 아니었다. 살아생전에 조선의 양반으로써 온갖 혜택을 받아놓고, 나라가 망하자 힘없는 국민들만 내버려두고 자살한 행동은 별로 좋지 못한 선택이었다고 본다. 또 다른 예를 들어보자. 어떤 사람이 여의도 마포대교에서 자살을 시도하려고 있고, 그 사람을 말릴 사람은 당신뿐이다. 하지만 자살하려는 사람의 생각은 너무나도 확고하다. 자신의 인생을 돌이킬 수 없다고 한다. 그를 어떻게 하면

살릴 수 있을까? 그가 되돌릴 수 없는 인생이라고 굳게 믿는 것은 왜 틀린 것일까? 단도직입적으로 말하자면 자살하려는 남자의 문제점은 인생을 완벽하게 살려고 하는 것 자체에서부터 있다. 인생에 실수나 큰 잘못을 남겼고, 막다른 골목에 몰렸다고 해서 한 사람의 인생 전체가 쓰레기로 변하는 것은 아니다.

(나중에 필자가 쓴 '인간 가치에 대한 고찰'이라는 글을 읽어보면 조금은 이해하기 편할 것이다.)

애초부터 왜 인생을 되돌리려고 하는 것인가? 인생은 돌이킬 수 없고, 지나간 시간 또한 되돌릴 수가 없다. 실수하는 것이 문제가 아니라, 실수한 후에 책임지지 않는 모습이 문제인 것이다. **'실수와 잘못이 없는 삶'을 사는 게 참된 모습이 아니라 '하나라도 덜 실수하고, 잘못하는 삶'이 참된 인간상이라고 생각한다.**

위에서 필자가 말한 것처럼 인간은 불완전하다. 인생에서 실수를 단 한 가지도 남기지 않고 살 수도 없고, 살아가는 동안에 또 얼마나 많은 실수와 잘못들을 하고 살까? 어차피 인간이 실수와 잘못을 하는 것이 필연적인 것이라면 실수와 잘못을 저지르고 나서 책임지려고 노력하는 것이 더 올바른 것이다.

사람의 잘못된 신념들이 어디에 이것뿐인가? 상위 1프로의 부자가 되려면 학교 공부에 충실해라는 어른들에 말은 틀렸다. 학교 공부가 아니라 부자가 되려면 장사와 사업을 해서 성공해야 된다. 원래는 그러지 말아야 하지만 현재의 학교 공부는 대부분 정부와 기업들이 원하는 인재를 육성해내는 교육 과정이지, 새로운 기득권층이나 신흥 부자들을 만들어내려는 교육 과정이 아니기 때문이다.

또 어떤 학생이나 학부모들은 학생이 명문대를 가지 않으면 인생을 망했다라고 생각하면서 스스로 목숨을 끊기도 한다. 도대체 목숨을 끊을 필요가 어디에 있는가? 학생이 명문대를 가지 못해서 기업가나 정부가 원하는 인재가 되지는 못했을지라도 다른 방향에서 얼마든지 새로운 인재가 될 수도 있는 법이다. 그런데 구태여 사회가 원하는 인재가 되지 못했다고 해서 목숨을 버릴 필요는 없다. 현대 사회의 교육이 요구하는 노동자 대량생산 체제에 맞는 사람도 있지만, 그에 맞지 않는다면 새로운 선구자가 되어도 되는 것이다.

선구자가 되는 것이 쉬운 일이냐며 핀잔만 늘어놓을 생각이라면 설득하지 않겠다. 왜냐하면 당신은 설득이 될 수 없는 사람이기 때문이다. 이미 '쉬운 일이 아니기 때문에 하지 않겠다'라는 마인드가 머리에 내장되어 있는 사람에게 어려운 일을 하라고 하는 것은 불가능하기 때문이다.

생각하지 않는 사람은 생각하는 사람보다 못하고, 부정적인 생각을 하는 사람은 긍정적인 생각을 하는 사람보다 못하며, 생각만 하는 사람은 생각을 실천하는 사람보다 못한 법이다. 자신이 어느 부류의 사람인지 고심해보고 스스로의 신념 속에 빠져나와야 인생을 더 다양하게, 더 가치가 있게 살 수 있지 않을까?

3) 자신이 틀린 걸 모르는 자, 아는 자

-> 틀린 걸 인정치 않는 자, 인정하는 자
-> 잘못을 인정하고 책임을 외면하는 자, 책임을 지려는 자

세상에 살다가보면 상대의 잘못만 따지는 사람들을 많이 만나면서 산다. 그들이 주장하는 것을 들어보면 자신은 절대로 틀릴 수가 없고, 상대만 틀렸다고 말한다. 이런 부류에 사람들의

가장 큰 문제는 '책임감'을 싫어하는 데에서 찾을 수가 있다. 자신이 만든 문제에 대해서 비난을 듣기 싫어하고, 책임을 지기가 싫기 때문에 어떻게든 '자신의 잘못'이 아니라 '상대방의 잘못'이라고 몰아붙여서 비난과 책임을 회피하려는 것이다. 이런 사람들은 대게 두 종류로 나뉘는데 자신이 틀린 걸 모르는 자와 아는 자로 나뉜다. 전자는 대화를 하는 방식이나 문제를 해결하는 방식에 대한 이해력의 알고리듬에 문제가 있는 사람이기 때문에 스스로 개선하지 않는 이상에 문제를 해결할 수 없는 사람이다. 하지만 악의는 없으니까 이해하고 나면 귀여운 바보의 수준이다.

그러나 후자는 좀 꺼림칙하다. 왜냐하면 전자는 문제를 해결하는 이해력에 대한 알고리듬이 고장이 난 것이지만, 후자의 경우에는 인성 자체에 대한 알고리듬이 망가진 것이기 때문이다. 왜 그런 것인지는 모르겠지만 인성이 더러운 우등생보다 착한 열등생에게 정감이 가는 법이다.

167

잡담을 뒤로 하고 다시 정리해서 말을 시작해보자면 자신이 틀렸다는 것을 인정하고 수습하려는 사람과 틀렸다는 것을 알고 난 후에도 자존심이나 자신의 기득권을 지키기 위해서 틀린 자신을 올바른 사람을 포장하고, 올바른 상대방을 틀린 사람으로 매도하기 때문에 굉장히 위험한 종류의 사람이라고 볼 수 있다. 이런 부류의 사람은 문제 해결에 대해서 논쟁을 벌일 때 문제 해결에 대한 해답을 제시하기보다는 자존심 싸움이나 기득권 보존을 우선시하며 사람들에게 잘못된 정보를 퍼뜨린다. 문제를 해결하는 것이 중요한 것인데 알량한 자존심과 자신의 권력 유지를 위해서 문제 해결에 쏟아야 될 힘을 낭비시킨다. 만약에 이것이 정치인들의 경우라면 사회 문제에 절실하게 필요한 법안을 통과시킬 때에 시간과 예산을 낭비시키므로 가장 해당 직업에서 제외시켜야 하는 부류들이라고 생각한다(죽이자는 말이 아니라 처벌을 말하는 거다).

다음으로 넘어가서 잘못을 인정했지만 책임을 외면하는 자들은 어떤 종류의 사람들일까? 정말 많다. 자식의 악행을 옹호하는 부모, 성폭행 피해자에게 타학교로 전출할 것을 강요하는 학교, 친구의 범죄를 눈감아주는 친구 등등이 있다. 피해자보다 가해자와 더 친한 관계이기 때문에 잘못된 줄 알면서도 도와주는 것이다. 그것이 올바른 우정이라고 착각하면서 말이다. 이와 반대로 자신의 잘못을 인정하고 책임을 지는 자들은 책임감이 강하면서 더 큰 그릇을 가진 사람이다. 왜냐하면 자신의 잘못을 인정하고 책임지는 것은 대인배가 할 수 있는 일이지, 소인배가 할 수 있는 일이 아니기 때문이다.

4) 각자의 전문 분야가 다르다

예전에 모든 분야의 지식을 한 가지의 개념으로 봤지만 근대화에 접어들면서, 직업과 학문이 세분화되었다. 너무 세분화된 탓일까? 자신의 분야에서 자신을 최고라고 여기는 자가 많다보니까 다른 분야에 있는 사람들을 멸시하는 사람들이 상당히 존재한다. 예를 들어서 자신이 경영학도이고 공급사슬관리와 같은 학문에 너무 심취한 나머지 이에 대한 지식을 하나도 가지고 있지 않는 다른 사람을 비웃는 일이 심심치 않게 벌어지고 있다. 위의 예처럼 이런 종류의 사람이 간과하고 있는 점은 상대방이 '자신만큼 지식을 가지고 있는 다른 분야의 사람'이라고 생각하는 것이 아니라 '자신만큼 지식을 가지지 못한 사람'이라고 착각한다는 점이다.

경영학도와 문학도가 가지고 있는 지식의 질이 다르고, 서로 우선시하는 것이 다르다고 하더라도 두 학문이 모두 다 소중한 학문이며 기존에 경영학을 아는 상태에서 문학을 배운다고 해서 가지고 있던 기존의 지식이 오염되는 것도 아니다. 학문과 학문 간의 결합은 필요하다.

　　이런 필자의 주장에 가장 어울리는 학문이 바로 '지정학'이 아닐까 싶다. 지정학이란 지리와 정치를 동시에 고려해서 사회 문제를 심도가 있게 다루는 학문인데 수많은 나라들을 각각 그들의 주변국과의 지리적인 위치와 정치적인 문제를 동시에 고려함으로써 그전에 보지 못했던 문제들을 볼 수 있게 해준다. 예를 들어서 우리나라가 북한과 일본 그리고 중국 등의 군사 강대국에 시달리는 이유는 바로 그 나라들의 한 가운데에 위치하기 때문이다.

　　만약에 우리나라의 위치가 우크라이나와 인접했다면 우리가 걱정해야 될 건 북한과 일본 그리고 중국이 아니라 러시아였을 것이다. 이처럼 한 분야의 지식은 원래의 지식 중에 한 카테고리로 나누어진 개념에 불과하며, 한 가지의 주제를 가진 학문으로 세상을 이해하는 것보다 다른 주제의 학문을 복합적으로 혼합시킴으로써 세상을 다각적으로 바라봐야 문제를 보다 더 정확하게 이해할 수 있게 된다.

5) 평화는 모두가 원해야 되지만, 전쟁은 한 명만 원해도 일어난다.

　　필자는 나보다 생각이 깨어있는 사람을 존경한다. 나보다 나이가 적든, 많든 간에 수입이 더 많든 적든 간에 나보다 나은 생각을 가지고 있는 사람을 존경하며 그들의 지식과 나의 지식을 혼합해서 세상을 더 복합적으로 보려고 노력한다. 이러한 마인드를 가지고 있을 때쯤에 필자는 인터넷 사이트에서 아주 충격적인 글을 읽게 되었다.

그 당시에 나는 '전쟁을 도대체 왜하는 것인가요?', '왜 전쟁을 하지 말라는 내 생각을 아무도 받아들이지 않는 건가요?', '제 생각(좋은 생각)을 받아들이지 않는 것을 보니까 세상이 망할 것 같네요'라는 식의 비관주의에 빠져있었다. 그 시절에 나는 스스로 이성적이라고 생각했지만, 이성적이지 못한 사람이었고, 감성이 쉽게 이성을 넘어서는 사람이었다. 그래서 나는 침략 전쟁을 하지 말아야 된다는 동시에 조국을 강대국으로부터 지키기 위해서는 군대가 필요하다고 주장했다.

지금쯤에 와서 생각해보니 그 당시에 한 남자가 이슈를 일으켜서 관심을 끌기를 좋아했는데 우리나라의 군대가 없어져야 한다고 주장하면서 군대를 가기 싫어하는 젊은이들의 마음을 현혹해서 마치 자신이 잘못된 사회 문제를 바로 잡는 사람인 것처럼 포장했었다.

필자는 그에 대한 비판 글을 쓴 적이 있었고, 그 비판의 주된 내용은 그가 진정으로 평화를 원해서 우리나라의 군대가 없어져야 된다고 주장한다면, 북한과 중국 그리고 일본과 미국에도 찾아가서도 군대를 없애는 운동을 해야 했음에도 하지 않았고 그가 우리나라 군대를 폐지하자고 주장했을 시기는 그의 나이가 군대의 입대를 해야 되는 나이와 근접해있었기 때문이다. 그는 평화를 주창하고 자신을 깨어있는 지성인으로 포장했지만 한국의 군대가 자신을 해치지 않을 정도로 인권이 보장되었기에 군대 폐지를 주창할 수가 있었고, 북한 군대가 자신을 해칠 정도로 인권이 보장되지 않기 때문에 군대 폐지를 주장하지 않았다. 전 세계의 모든 군대가 아닌 한국 군대만 폐지해야 된다는 주장 자체부터 국가와 국가에 부속된 군대를 우습게보고, 자신보다 지적능력이 부족한 사람들에게 그럴듯한 허상을 보여주면서 수많은 사람들을 우롱했다. 잡설이 길어졌는데 내가 말하고자 하는 건, 그 당시 내가 썼었던 비판 글에 달아준 어떤 네티즌의 댓글이었다.

그는 평화가 올바른 것이긴 하지만 왜 군대가 필요한 것인지에 대해서 설명해주었다. 그는 '사람은 핵무기가 있으면 핵무기로, 핵무기가 없으면 총으로, 총이 없으면 칼로, 칼이 없으면 주먹으로, 주먹이 없으면 발로, 발이 없으면 이빨로도 적을 죽일 수 있다'고 했다. 너무도 오래 전에 읽었던 글인지라 100%의 복원된 글이라고는 할 순 없지만 이 댓글을 보고 필자의 머릿속에 불현듯이 떠오른 생각이 있었다.

최신식 무기나 노후된 무기가 사람을 죽이는 주체가 아니라 객체라는 사실이었다. 핵무기가 사람을 죽이는가? 총이? 칼이? 주먹이? 발이? 이빨이? ...그렇지 않다.

사람을 죽이는 것은 그 사람을 죽이려는 사람의 생각과 행동이다. 물질이 사람을 죽이는 게 아니라 살생의 의도를 지닌 사람이 물질을 가지고 사람을 죽이는 것이다. 나는 여기서 한 발자국, 더 나아가서 평화와 분쟁에 대해서 떠올렸다. 평화는 모두가 지키려고 노력해야지 이룰 수 있지만 **분쟁은 단 한 사람만이 원해도 일어난다는 사실이었다.**

6) 분쟁은 개인보다 집단일 때 더욱더 커진다.

학교나 책에서 가르치는 이상적인 인간상들... 정의, 균형, 화해, 비폭력, 이해 같은 개념들은 목격하기도, 실천하기도 쉽지가 않다. 세상은 이상과는 다르게 학우를 폭행해서 자살하게 만들거나, 아녀자를 범하고, 폭력배가 타인을 살해하는 일이 많이 생긴다. 아무리 세상을 선하게 만들려는 사람이 있어도, 단 한 명이라도 불순한 마음을 품으면 그것은 곧 분쟁이 되고, 범죄가 된다. 그래서 법이 없이도 사는 선한 사람을 법이 있어야 사는 악한 사람에게로부터 지키기 위해서 법이 존재하는 것이다. 그나마도 법이나 사회적 징벌이 제대로 지켜지지 않고 피해자에게 모든 책임이 돌아가고, 가해자에게 모든 옹호가 돌아가는 순간 사람들은 극도의 실망감과 절망감을 느낀다.

언젠가 자신이나 자신이 사랑하는 사람에게 똑같은 범죄가 일어나도 정의가 이루어지지 않을 것이기 때문이다. 특히 범죄의 처벌이 제대로 이루어지지 않을 순간이 있는데 그 순간이 바로 개인이 아닌 집단이 범죄자를 도왔을 때이다. 우리는 친구와 가족처럼 나 자신과 친한 관계에 놓인 사람을 도우려는 면이 있다. 그러한 선한 마음 자체가 나쁜 것은 아니나, 집단이 범죄자를 옹호하는 순간부터 범죄자에게 힘을 실어주고, 죄에 대한 책임을 거부하게 만들며, 피해자를 협박하게 되는 것이 문제이다. 제 아무리 똑똑하고, 착했던 사람이라도 자신과 친한 사람에게 감성적으로 행동하며 '범죄자'를 '범법자'가 아닌 '아끼는 사람'으로 잘잘못을 어긋나게 판단할 수 있다.

집단 성폭행을 행한 고등학생 자녀를 무조건적으로 감싸는 부모들, 사고를 친 조카를 몰래 도와주는 경찰 삼촌, 피해자를 왕따로 만들고는 자살하게 하고 책임을 피해자에게 떠넘기는 가해자들 등등… 범죄를 저지른 일이 잘못이고, 처벌받아야 할 일을 무마시키는 것이 잘못된 일이며, 남이 자살할 정도로 모욕을 준 것이 잘못된 일이다. 머릿수가 많아진다고 해서 유죄가 무죄가 되지 않는다. 무죄라고 우기는 악당들만 많아지는 것이다.

● 전쟁은 정치세력이 만들고, 나머지 인류가 감당한다 ●

이 챕터의 주제는 내가 처음에 언급한 말이 아니고 페이스북에 익명의 사람이 올려놓은 글귀를 고쳐 쓴 것이다. 과거사를 보면 전쟁은 대부분 강대국들의 전쟁주의자들에 의해서 일어났다.

전쟁주의자들은 주로 자신의 통치기간에 무언가 업적을 쌓으려고 하거나, 자신들의 정치적인 실패로 어려워진 국정의 문제를 근접국가와의 갈등으로 눈가림하거나, 자신의 정적을 죽이기 위해서 전쟁을 일으킨다. 업적을 쌓으려고 전쟁을 일으킨 자들은 독일의 히틀러가 그 예이고 정치적인 실패로 어려워진 국정 문제를 인접국가와의 갈등으로 해소하는 동시에 자신의 정적을 죽이기 위해서 전쟁을 일으킨 자가 일본의 도요토미 히데요시다.

히틀러가 유전우월성을 등에 업고 업적에 눈이 멀어서 여러 국가를 침략했던 사람이라면 도요토미 히데요시는 통일한 일본이 불안정하고 자신의 위치가 불안정해지자 자신의 정적들을 없애는 동시에 일본의 통일을 더 확고히 할 목적으로 조선과 중국의 명나라를 침범하려고 했고 그 결과가 바로 임진왜란이다. 그에게 있어서 임진왜란은 실패해도 정적들이 전쟁터에서 다 죽는 꼴이고 성공하면 중국 대륙 정벌이며 반만 성공해도 조선의 정복이었다. 이후에 임진왜란의 실패로 국민들로부터 책임을 물을까봐 두려웠던 도요토미는 또 자신의 잘못을 해외로 돌리기 위해서 정유재란을 일으키고 일본이 기울어지는 동안에 질병으로 사망했다.

결국 두 번의 전쟁으로 조선과 일본 간의 사람들의 인생을 허비하게 만들었는데도 책임을 지지 않고 죽은 것이다. 이 두 명의 전쟁주의자들처럼 전쟁을 일으키는 자는 소수의 세력에 불과하지만 다수가 원하지 않는 전쟁을 초래하기도 한다. 우리는 항상 이러한 사람들이 엇나가지 않게 잘 감시해야 하는 역할을 수행해야 한다.

● 묵자의 겸애사상, 군사강국들이 새겨들어야 한다 ●

　　나보다 대단한 사람은 세상에 널리고 널렸기에 내가 존경하는 이가 셀 수가 없이 많지만 그래도 한국을 제외한 동북아시아 지역에서 굳이 한 사람을 고르라면 묵자를 고르겠다. 묵자는 중국 전국시대에 태어난 인물로 약탈과 침략 전쟁에 반대하고 타인을 자신과 같이 사랑하는 겸애사상을 주장한 인물이다. 그는 유가가 지나치게 통치계급의 입장을 옹호하는 일과 체면과 의례만 중시하는 비실용적인 상류층 생활을 비판했고 또한 유가의 인애에는 차등이 있어서 서로 자신과 더 친한 사람에게 잘해주려는 마음이 이기주의로 변질되어서 오히려 사람들 사이에서 다툼과 반목이 생긴다고 보았고 그에 대한 대책으로 모든 사람을 차별이 없이 사랑하는 겸애사상을 해답으로 생각했다. 동시에 노예까지 인격체로 대우했으며 침략 전쟁을 부정하고, 방어 전쟁을 인정한 인물이었다. 그런 그가 우리에게 잘 알려지지 않는 이유는 전국시대 이후로 묵자를 미워하는 유가의 세력에 의해서 완전히 압도당해서 묵가의 학자들이 배척을 당하고 점차 사라져갔기 때문이다.

　　묵가가 배척당하기 이전에는 묵자의 명성이 공자 못지않을 정도로 드높았었다고 한다. 강대국인 초나라가 약소국인 송나라를 치려고 했을 때에 열흘 밤낮동안에 초나라로 달려가서 전쟁을 막았고, 제나라가 노나라를 치려고 하자 제나라의 왕을 설득하여 이를 막기도 했으며, 노나라가 정나라를 침략하려고 했을 때에 양묵군을 설득해서 전쟁을 막았다고 한다. 전쟁이 백성들을 가장 고통스럽게 한다고 여겼고 국가의 경계가 없이 하늘 아래의 모든 백성의 고통을 덜어주기 위해서 전쟁이 있는 지역에 찾아가서 전쟁을 말렸다.

'남의 나라를 자기 나라처럼 보고, 남의 집을 자기 집처럼 보며, 남의 몸을 자기의 몸처럼 보라'라는 그의 말은 존경받아 마땅하다.

맹자가 '남의 아버지를 사랑하는 묵자의 겸애에는 아버지가 없는 것과 같다'고 그를 맹렬히 비난했지만 이는 사적인 감정이 묻어나있다. 맹자의 지적 수준으로 겸애를 이해하지 못했을 것 같지는 않다. 겸애의 참뜻을 알고도 공자가 묵자한테 묻혀있는 것이 싫어서 고의로 묵인하고 매도한 가능성이 있다고 본다. '겸애'는 남의 아버지가 나의 아버지보다 우선순위에 있는 것이 아니라 내 아버지도 사랑하고 남의 아버지도 사랑하는 것이다. 결론은 군사강국들이 겸애사상을 받아들여서 남의 조국을 내 조국처럼 여겨야 한다.

① 내가 생각하는 전쟁주의자들이 전쟁을 일으키는 과정.

전쟁 발생 절차
나라에 영향을 끼칠 수 있는 정책과 법을 국민이 결정할 수 없게 됨
▼
선거를 통해 정치인 선출이 가능하나 해당 후보들은 국민이 정하지 못함
▼
사회에 발생한 모든 잘못을 국민에게로 돌림(잘못은 그대로 존재함)
▼
부패가 심화되어서 국민이 거세게 비판하면 주변 국가와 갈등을 조성함
▼
외부와의 갈등을 일부러 만들어서 내부의 결속을 다짐
▼
애국심으로 가려진 부패는 심화되고 문제는 해결되지 않음
▼
권력을 유지하기 위해서 갈등을 심화시킴
▼

잘못된 정책을 유지함으로 인해서 국가의 재정이 심각하게 나빠짐
▼
순수한 경쟁으로 이길 자신이 없어서 침략으로 상황을 모면하려고 함
▼
주변 국가에게 시비를 걸고 이를 전쟁 명분으로 삼음
▼
전쟁이 일어나도. 승리와 패배를 떠나서 부패는 여전히 해결되지 않음

② **결론.**

정책과 법을 소수만 관여하는 시스템을 부패한 권력세력이 잡게 되면 부패가 심해져서 나라가 어려워지는 동시에 국가의 운영의 실패를 순수한 경쟁을 키워서 경쟁국들을 이길 생각을 하지 않고 전쟁으로 해결하려고 한다. 또한 특정 세력들이 공포심을 조성해서 정적들을 밀어내면서 권력을 잡으려고 할 때에 전쟁이 일어나기 쉽다.

177

9장

조화의 날 : 서로의 다름을 포용하고 겸애하는 날

나의 세상을 향한 헌신에는 물질적인 대가가 필요가 없다. 하지만 아주 많은 시간이 흘러서 내가 세상에 조금이라도 이로운 사람이었거든. 나, 세상에게 바라는 것이 딱 한 가지가 있다. 나의 생일인 1월 24일을 기점으로 삼아서 1년의 하루만큼 평화롭게 지내는 날로 삼아주기를 바란다.

자신도 언제든지 틀릴 수 있다는 관점을 가진 채로... 그 누구에게 권위적인 태도로 일관하거나, 다른 생각을 틀린 생각으로 만들어버리거나, 평등한 인간 사이에 끊임없이 계급을 만들거나, 남을 속여서 이득을 보거나, 견제하거나, 헛소문을 퍼뜨리거나, 선동하거나, 편을 나누거나, 소리를 지르거나, 화를 내거나, 폭력을 행사하거나, 물질을 뺏거나, 위협을 주거나, 강제로 범하거나, 납치하거나, 살해하는 등의 모든 행위를 멈추고 서로 사랑하면서 모두에게 평화로운 날이 되길 원한다.

남을 해치는 일은 핵폭탄이 없으면 포탄으로, 포탄이 없으면 총으로, 총이 없으면 칼로, 칼이 없으면 주먹으로, 주먹이 없으면 이빨로도, 이빨이 없으면 세 치의 혀로도 가능하기 때문에 사람 간의 폭력을 멈출 수는 없다는 것을 안다. 또한 자신의 신념이 너무 확고해서 사람을 죽여서라도 자신만의 결론을 얻으려는 사람들이 세상에 너무 많다는 사실에 가슴이 아프지만 이에 대한 역발상으로 1년에 딱 하루정도는 평화롭게 지내는 것이 가능하다고 나는 믿는다.

난 남들이 실패하는 일을 성공할 수 있다고 자신을 기만하는 바보이니까 말이다. 또 다시 말하자면 이 세상을 향한 나의 헌신에는 물질적인 대가가 필요가 없다. 어차피 죽고 나면 내가 세상에 남길 수 있는 물질은 아무 것도 없기 때문이고 나는 그런 속세적인 가치로부터 항상 자유로워지길 노력하는 사람이다. 내가 아무리 돈을 많이 벌게 되어서 기업을 남긴다고 하더라도 이득에 눈이 먼 경영진에게 넘어가면 무너지기 쉽고, 또 명성을 얻게 되어서 내 동상이 생기거나 역사책에 기록되어지더라도 전국시대에 유가가 묵가를 밀어내버린 것처럼 나를 납득하지 않는 자에게 파괴나 조작당하기 쉬우며, 심지어 권력을 얻게 되어도 언젠가 권력을 내려놓아야 된다.

심지어 독재자라도 죽음으로부터 자유로울 수는 없다. 나는 항상 최고의 가치를 추구하는 자, 그것을 위해서 길을 걷다가 내가 저지른 실수에 비웃음을 들어도 화를 참는 동시에 사과하면서 다시 앞으로 전진을 해야 하는 멍청이다. 그런 바보 같은 나에게 부와 명성 그리고 권력보다 더 가치가 있는 무엇이 있을까? 이에 대해서 곰곰이 생각을 해보니 화폐도 나라가 망하면 가치가 없어지고, 명성도 나에 대한 기록이 남지 않으면 사라지게 되고, 권력도 그 자리에서 내려오면 사라지는 것이다. 그렇다.

이 속세에 있는 대부분의 물질이 시간이 지나면 가치가 없다. 이러한 고민을 오래 한 끝에 도출해낸 결론은 그것들보다 한 사람의 생각이 대부분의 물질들보다는 더 오래 남는다는 사실을 알았다. 유레카! 그렇다. 생각이 가치가 있는 것이다. 그래, 나는 '사상을 남기는 자'가 될 것이다. 마치 성인이 죽어도 그를 기반으로 한 종교는 남아있고, 고대의 그리스인들이 죽어도 민주주의라는 사상은 남아있듯이 나의 재산이 탕진되거나, 누구도 나를 모르게 되거나, 내가 많은 사람들에게도 영향을 줄 수 없는 존재가 되어도 내가 만들 사상은 사람들에게 영향을 미칠 것이고 그것이 후대로 이어져서 내가 세상에 없어도 자체적으로 사상을 움직일 시스템이 되리라. 그래, 나의 생각만이... 내 사상만이 남겨질 불변의 가치인 것이다. 내가 세상에 헌신한 일이 기특해서 무언가를 주고 싶다면 나에게는 속세에서 사람들이 평생 갈구하는 물질은 필요가 없으니 일 년에 딱 하루만 서로 사랑하며 지내길 바란다.

오로지 당신들이 살아서 숨을 쉴 적에 평화를 일 년에 한 번씩만 실천해주면 그만이다. 이 하나의 사상을 남기기 위해서 나는 글을 쓰는 지금의 순간에도 어떻게 해야 더 세상에 하나라도 덜 잘못하면서 더 도움이 될까를 고민한다. 그러니 마지막으로 부디 내가 세상에 조금이라도 도움이 되는 자였거든. 1년에 딱 하루인 1월 24일에 서로 평화롭게 살아주기를 열렬히 염원한다. 그 조화의 날을 꿈꾸며 이만 글을 마친다.

미국지질조사국 지질연대표 2001(USGS Geologitc time2001) _ 김기제 정리 및 번역

이언(Eon)	지질시대(period)	세(Epoch)	시간(time)
현생이언 (Phanerozoic)	4기(Quaternary) 4기(Quaternary)	홀로세(Holocene)	약 8천년 전~현재
		플라이스토세 (Pleistocene)	약 1백8십만~8천년 전
	3기(Tertiary) 3기(Tertiary) 3기(Tertiary) 3기(Tertiary) 3기(Tertiary)	플라이오세 (Pliocene)	약 5백3십만~1백8십만년 전
		마이오세 (Miocene)	약 2천3백8십만~5백3십만년 전
		올리고세 (Oligocene)	약 3천3백7십만~5백3십만년 전
		에오세(Eocene)	약 5천5백5십만~3천3백7십만년 전
		팔레오세 (Paleocene)	약 6천5백만~5천5백5십만년 전
	백악기(Cretaceous)		약 1억4천5백만~6천5백만년 전
	쥐라기(Jurassic)		약 2억1천3백만~1억4천5백만년 전
	트라이아스기(Triassic)		약 2억4천8백만~2억1천3백만년 전
	페름기(Permian)		약 2억8천6백만~2억4천8백만년 전
	석탄기 후-펜실베이니아기 (Pennsylvanian)		약 3억2천5백만~2억8천6백만년 전
	석탄기 전-미시시피기(Mississippian)		약 3억6천만~3억2천5백만년 전
	데본기(Devonian)		약 4억1천만~3억6천만년 전
	실루리아기(Silurian)		약 4억4천만~4억1천만년 전
	오르도비스기(Ordovician)		약 5억5백만~4억4천만년 전
	캄브리아기(Cambrian)		약 5억4천4백만~5억5백만년 전

원생이언 (Proterozoic)	원생대 (Proterozoic)	신원생대 (Neoproterozoic)	약 25억년~5억4천4백만년 전
	원생대 (Proterozoic)	중원생대 (Mesoproterozoic)	약 25억년~5억4천4백만년 전
	원생대 (Proterozoic)	고원생대 (Paleoproterozoic)	약 25억년~5억4천4백만년 전
시생이언 (Archean)	시생/태고대 (Archean)	신시생대 (Neoarchean)	
	시생/태고대 (Archean)	중시생대 (Mesoarchean)	약 45억년~25억년 전
	시생/태고대 (Archean)	고시생대 (Paleoarchean)	약 45억년~25억년 전
	시생/태고대 (Archean)	시시생대 (Eoarchean)	약 45억년~25억년 전 약 45억년~25억년 전
태고대이전(preArchean)			약 45억년 이전